2024

令和6年度版

必勝合格

宅建士

オリジナル問題集

総合資格学院 編

JN073882

総合資格学院

はじめに

●本書の特長

　この問題集は、高い合格率、抜群の的中率を誇る総合資格学院が総力を挙げて作成した予想問題を、広く受験生のみなさんに提供するために編集したものです。問題の選定はもちろんのこと、解説や図表も、長年の指導によって蓄積された合理的なノウハウによって裏打ちされたものばかり。もちろん、最新法令に合わせて毎年内容を改訂しています。みなさんも、ぜひ、この問題集を使って合格の栄冠を勝ち取ってください。

●本書の作成方針

　宅建試験は、例年20万人以上が受験する人気のある資格試験ですが、その合格率は15％〜17％前後。決して簡単な資格試験ではありません。この難関を突破するためには、過去問の演習だけでは足りません。過去問の演習と合わせて、過去問と同じレベル又はよりハイレベルな新作問題に取り組み、難易度や出題傾向の変化に対応するためのトレーニングを積んでおく必要があります。

　本書では、講座での受験指導を通じて蓄積されたノウハウに基づき、今年度に出題される可能性が高いと判断される問題を厳選して掲載しています。

●「宅建士テキスト」「宅建士過去問題集」と併用して最高の学習効果

　本書の姉妹書として、「必勝合格 宅建士テキスト」及び「必勝合格 宅建士過去問題集」があります。この書籍は、総合資格学院の宅建講座で講座専用教材として使用しているテキスト及び過去問題集をベースに編集したものです。高い合格率を誇る講師の指導ノウハウが満載されており、本書と併用することで最高の学習効果が得られます。

●「必勝合格 宅建士直前予想模試」でダメ押し

　本書に続いて、令和6年7月に「必勝合格 宅建士直前予想模試」を刊行する予定です。今年度の本試験を予想した模試を複数回収録。本試験のリハーサル及び学習の総仕上げとしてぜひチャレンジしてください。

「必勝合格 宅建士オリジナル問題集」の特長と使い方

●最新法改正に対応

本書は、令和6年4月1日（本試験出題基準日）までに施行された最新法令に合わせて、問題を作成・編集していますので、安心して学習していただけます。

> 本書に関する正誤などの最新情報がある場合は、ホームページにてご案内いたします。定期的にご確認いただくとともに、試験直前には必ずご確認ください。
>
> **総合資格学院HP**　　　　https://www.shikaku.co.jp/
> **総合資格学院出版サイト**　https://www.shikaku-books.jp/

●ひと目でわかる本試験での難易度・重要度

各問題の難易度を☆印で表記しています。

難易度 ★☆☆ … 易しい（正答率が60％以上と予想される問題）
難易度 ★★☆ … 標　準（正答率が40％以上60％未満と予想される問題）
難易度 ★★★ … 難しい（正答率が40％未満と予想される問題）

本試験での出題頻度や最新の出題傾向をもとに、各問題で問われている内容の重要度をA～Cの3ランクで表記しています。

重要度 A …… 必ず理解・記憶しておくべき内容を問う問題
重要度 B …… このレベルまでは理解・記憶しておきたい内容を問う問題
重要度 C …… 余裕があればチャレンジしたい内容を問う問題

●ひと目でわかる学習履歴

　チェック欄を有効活用して、「問題解答によるアウトプット」→「解答解説の確認によるインプット」の繰り返しによる必勝合格メソッドを実践しましょう。

　自信を持って正解できた問題には○、間違えた問題には×、自信のなかった問題には△を記入する、あるいは学習した日付を記入す

るなど、自分にあった方法で学習の履歴を残しましょう。

●ひと目でわかる重要知識

　宅建試験でよく出題される重要なポイントをまとめた図表を、「必勝合格Check!」として、姉妹書「必勝合格 宅建士テキスト」から引用しています。知識の整理や試験直前の総まとめに有効活用してください。

〈必勝合格Check!　記載例〉

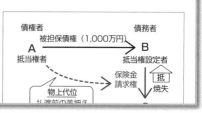

みなさんが、「必勝合格」シリーズをフル活用されて、令和6年度宅地建物取引士資格試験に合格されることを、心より祈念いたしております。

総合資格学院

CONTENTS

権利関係

宅建業法

法令上の制限

税・その他

権利関係

問題 1　重要度 **B**　難易度 ★★☆　Check! ✓

制限行為能力者

制限行為能力者に関する次の記述のうち、民法の規定によれば、正しいものはどれか。

1　被保佐人は、不動産を売却したり、日用品を購入したりする場合には保佐人の同意が必要である。

2　成年被後見人が土地を売却する意思表示を行った場合、成年後見人は、後見監督人がいる場合においても、後見監督人の同意を得ずに、当該意思表示を取り消すことができる。

3　満19歳の者は、年齢を理由とする後見人の欠格事由に該当する。

4　成年後見人が、成年被後見人に代わって、成年被後見人が所有するオフィスビルを売却するためには、家庭裁判所の許可が必要である。

解答・解説

1 **誤り。**被保佐人は、不動産その他重要な財産に関する権利の得喪を目的とする行為などを行うときには、その保佐人の同意を得なければならないが、日用品の購入その他日常生活に関する行為については、その保佐人の同意を得る必要はない（民法13条1項、9条ただし書）。

2 **正しい。**成年後見人は、後見監督人の同意を得なくても、日用品の購入その他日常生活に関する行為を除いて、成年被後見人の法律行為を取り消すことができる（民法9条、120条1項）。後見監督人がいる場合、成年後見人が重要な財産行為を代理する等一定の行為をする際には、その同意を得なければならないが（民法864条）、成年被後見人の法律行為の取消しは、後見監督人の同意が必要な行為に該当しない。

3 **誤り。**未成年者は後見人の欠格事由に該当する（民法847条1号）が、満18歳以上の者は成年である（民法4条）。したがって、満19歳の者は年齢を理由とする後見人の欠格事由に該当しない。

4 **誤り。**成年被後見人に代わって成年後見人がする処分で、家庭裁判所の許可が必要なのは、成年被後見人の「居住の用に供する建物又はその敷地」について、売却、賃貸、賃貸借の解除又は抵当権の設定等をする場合である（民法859条の3）。オフィスビルの売却を行うにあたり、家庭裁判所の許可は不要である。

意思表示

AがBにA所有の甲土地を売却し、BがCに甲土地を転売し、Cが所有権移転登記を備えた場合に関する次の記述のうち、民法の規定によれば、誤っているものはどれか。

1　Aが、自分の真意ではないと認識しながらBに対する売却の意思表示を行ったため、Aの売却の意思表示が無効となる場合であっても、Aは、事情を知らないCに無効を主張することができない。

2　Aが錯誤を理由に売却の意思表示を取り消す前に、Bが甲土地をCに転売した場合、CがAの錯誤の事情を過失なく知らなかったときは、Aは、売却の意思表示を取り消したとしても、Cから甲土地を取り戻すことができない。

3　AがBの詐欺を理由に売却の意思表示を取り消す前に、Bが甲土地をCに転売した場合、Cが詐欺の事実を過失により知らなかったときは、Aは、売却の意思表示を取り消したとしても、Cから甲土地を取り戻すことができない。

4　AがBの強迫を理由に売却の意思表示を取り消す前に、Bが甲土地をCに転売した場合、Cが強迫の事実を過失なく知らなかったとしても、Aは、売却の意思表示を取り消して、Cから甲土地を取り戻すことができる。

解答・解説

1 **正しい。** 心裡留保の意思表示の無効は、善意の第三者に対抗することが
できない（民法93条1・2項）。したがって、Aは善意のCに無効を主
張することができない。

2 **正しい。** 錯誤による意思表示の取消しは、取消し前に現れた善意無過失
の第三者に対抗することができない（民法95条1・4項）。したがっ
て、Aは、売却の意思表示の取消しを善意無過失のCに対抗できず、甲
土地を取り戻すことはできない。

3 **誤り。** 詐欺による意思表示の取消しは、取消し前に現れた善意無過失の
第三者に対抗することができない（民法96条1・3項）。Cは善意では
あるが過失があるため、Aは、売却の意思表示の取消しをCに対抗する
ことができ、甲土地を取り戻すことができる。

4 **正しい。** 強迫による意思表示の取消しは、取消し前に現れた善意無過失
の第三者にも対抗できる（民法96条1・3項参照）。Cは善意無過失で
あるが、Aは、意思表示を取り消して、Cから土地を取り戻すことがで
きる。

問題 3 重要度 A 難易度 ★★★

Check! ✓

代理

Aが、Bの代理人として、Cとの間でB所有の甲土地の売買契約を締結した場合に関する次の記述のうち、民法の規定及び判例によれば、誤っているものはどれか。

1 Aが、Bから甲土地売買の委任状を受領した後、破産手続開始の決定を受けたのに、Cに当該委任状を示して売買契約を締結した場合、Cは、Aが破産手続開始の決定を受けたことを知っていたときは、Bに対して甲土地の引渡しを求めることはできない。

2 AがBから抵当権設定の代理権を与えられ、甲土地の登記の申請に必要な実印、印鑑証明書等の交付を受けていた場合で、CがBC間の売買契約についてAに代理権ありと過失なく信じたとき、Cは、Bに対して甲土地の引渡しを求めることができる。

3 Bから、Cに対する甲土地売却に関する契約締結権限を与えられていたAが、Cから虚偽の事実を告げられて売買契約をした場合でも、Bがその事情を知っていたときには、BはCによる詐欺を理由として売買契約を取り消すことはできない。

4 Aが、Bの名を示さずCと売買契約を締結した場合には、Cが、売主はBであることを知らず、そのことに過失があるにすぎないのであれば、売買契約はAC間で成立する。

解答・解説

1 **正しい。** Aは、破産手続開始の決定を受けたことにより、その代理権が消滅したので（民法111条1項2号）本肢の売買契約は、無権代理として本人Bに対してその効力を生じない（民法113条1項）。他人に代理権を与えた者は、代理権の消滅後にその代理権の範囲内においてその他人が第三者との間でした行為について、代理権の消滅の事実につき善意無過失の第三者に対してその責任を負うが（民法112条1項）、本肢Cは、Aの代理権が消滅したことにつき悪意であるから、Cは、Bに甲土地の引渡しを求めることはできない。

2 **正しい。** 抵当権設定の代理権しか有しないAによる売買契約は、無権代理として本人Bに対してその効力を生じないのが原則である（民法113条1項）。しかし、代理人がその権限外の行為をした場合において、第三者が代理人の権限があると信ずべき正当な理由があるときは、本人は、その責任を負う（民法110条）。本肢Cは、Aに売買の代理権があると過失なく信じたものであり、上記正当な理由がある場合に該当する。よって、Cは、Bに甲土地の引渡しを求めることができる。

3 **正しい。** 代理行為に瑕疵（詐欺など）があったかどうかは、代理人について判断する（民法101条1項）。ただし、本人が代理人に特定の法律行為（本肢の場合、B所有の甲土地のCへの売却）をすることを委託していたときは、本人は自ら知っていた事情について代理人が知らなかったことを主張できない（民法101条3項）。つまり、事情を知っている本人Bが、代理人Aが知らなかったことを理由に、詐欺による取消しをすることはできない。

4 **誤り。** 代理人が本人のためにすることを示さないでした意思表示は、原則として自己のためにしたものとみなされるが、相手方が、代理人が本人のためにすることを知り、又は知ることができたときは、本人に対して直接にその効力を生ずる（民法100条）。本肢におけるCは、売主がBであることを知らないが、そのことに過失があるのであるから、売買契約は本人であるBとCの間で成立する。

問題 重要度 C　難易度 ★★☆　Check! ✓

4 条件

AとBは、A所有の甲土地をBに売却する契約を締結したが、その契約に「AがCから建物を購入する契約を締結すること」を停止条件として付けた（仮登記の手続は行っていない。）場合に関する次の記述のうち、民法の規定によれば、誤っているものはどれか。

1　停止条件の成否未定の間は、AB間の契約の効力は生じていない。

2　停止条件の成否未定の間に、Aが甲土地をDに売却して所有権移転登記をした場合、Aは、Bに対して損害賠償義務を負うことがある。

3　停止条件の成否未定の間に、Bが死亡した場合でも、Bの相続人は、AB間の契約における買主としての地位を承継することはできない。

4　AB間の契約締結後に甲土地の時価が下落したため、停止条件の成就により不利益を受けることとなったBが、AC間の契約の締結を故意に妨害した場合、Aは、当該停止条件が成就したものとみなすことができる。

解答・解説

1　**正しい**。停止条件付法律行為は、停止条件が成就した時からその効力を生ずる（民法127条1項）。

2　**正しい**。条件付法律行為の各当事者は、条件の成否が未定である間であっても、一種の期待権をもっているので、条件が成就した場合にその法律行為から生ずべき相手方の利益を害することができない（民法128条）。本肢では、停止条件の成否未定の間に、Aが甲土地をDに売却して所有権移転登記をしてしまうと、条件が成就しても、Bは甲土地を取得できなくなる。したがって、Aは、Bの期待権を侵害したことになり、Bに対して損害賠償義務を負うことがある。

3　**誤り**。条件の成否が未定である間における当事者の権利義務は、一般の規定に従い、処分し、相続し、若しくは保存し、又はそのために担保を供することができる（民法129条）。したがって、Bが死亡した場合、Bの相続人は、AB間の契約における買主としての地位を承継することができる。

4　**正しい**。条件が成就することによって不利益を受ける当事者が故意にその条件の成就を妨げたときは、相手方は、その条件が成就したものとみなすことができる（民法130条1項）。

地役権

次の1から4までの記述のうち、民法の規定及び判例並びに下記判決文によれば、正しいものはどれか。

（判決文）

通行地役権（通行を目的とする地役権）の承役地が譲渡された場合において、譲渡の時に、右承役地が要役地の所有者によって継続的に通路として使用されていることがその位置、形状、構造等の物理的状況から客観的に明らかであり、かつ、譲受人がそのことを認識していたか又は認識することが可能であったときは、譲受人は、通行地役権が設定されていることを知らなかったとしても、特段の事情がない限り、地役権設定登記の欠缺を主張するについて正当な利益を有する第三者に当たらないと解するのが相当である。

1　通行地役権の設定登記をしないまま、承役地の所有者が、承役地を第三者に譲渡し、所有権移転登記を経由した場合、当該第三者は、通路として継続的に使用されていることが客観的に明らかであり、かつ、通行地役権があることを知っていたときは、要役地の所有者に対して、この通行地役権を否定することはできない。

2　要役地の所有者は、通行地役権を、要役地と分離して、単独で第三者に売却することができる。

3　通行地役権の設定登記を行った後、要役地の所有者が、要役地を第三者に譲渡した場合、その所有権移転登記を経由したのみでは、当該第三者は、この通行地役権が自己に移転したことを承役地の所有者に対して主張できない。

4　要役地の所有者が、契約で認められた部分ではない承役地の一部分を、継続的に行使し、かつ、外形上認識することができる形式で、要役地の通行の便益のために利用していた場合でも、契約で認められていない部分については、通行地役権を時効取得することはできない。

解答・解説

1 **正しい**。判決文によれば、承役地の譲渡の時に承役地が地役権者によって使用されていることが客観的に明らかであり、かつ、譲受人がそのことを認識していたか又は認識することが可能であったときは、譲受人は、通行地役権が設定されていることを知らなかったとしても、特段の事情がない限り、地役権設定登記の欠缺を主張するについて正当な利益を有する第三者に当たらない。したがって、本肢の場合、要役地の所有者は通行地役権を承役地所有者に対抗することができ、承役地の譲受人は、要役地の所有者に対して、この通行地役権を否定することはできない。

2 **誤り**。地役権は要役地の便益に供する権利であるから、地役権は、要役地から分離して譲り渡し、又は他の権利の目的とすることができない（民法281条2項）。

3 **誤り**。要役地の所有権が移転したときは、原則として、地役権も移転する（民法281条1項）。したがって、要役地について所有権移転登記を備えていれば、承役地の所有者に対して、地役権を対抗することができる（判例）。

4 **誤り**。地役権は、継続的に行使され、かつ、外形上認識できるものであれば、時効によって取得することができる（民法283条）。通行地役権の場合、この継続の要件をみたすためには、通路を要役地所有者自身が開設しなければならない（判例）。したがって、本肢の場合、要役地所有者が通路を開設していれば、契約で定められていない部分についても、時効取得することができる。

6 不動産物権変動

Aが甲土地をBに売却した場合に関する次の記述のうち、民法の規定及び判例によれば、正しいものはどれか。

1　甲土地の真の所有者がAではない場合であっても、BがAの無権利について善意無過失であり、10年間、所有の意思をもって、平穏かつ公然と甲土地を占有していれば、Bは時効を援用した時点から将来に向かって甲土地の所有権を取得する。

2　甲土地の所有者がAであり、Aは、甲土地の売却の際、Bとの間で所有権の移転時期を代金の完済時とする旨の合意していたときは、甲土地の所有権は、売買契約時ではなく、代金の完済時にBに移転する。

3　甲土地の所有者がAであり、Aが甲土地をBに売却しその旨の所有権移転登記がなされた後に、Aがその売買契約を適法に解除した場合、Aは、その旨の登記をしなくても、当該解除後に甲土地をBから買い受けたCに甲土地の所有権を対抗することができる。

4　甲土地の所有者がAであり、Aが甲土地をDに売却していたにもかかわらず、さらにBにも売却した場合、BがAとの売買契約時にDへの売却の事実を知っていれば、Bは、先に所有権移転登記を備えても、甲土地の所有権をDに対抗することができない。

解答・解説

1 **誤り。** 10年間、所有の意思をもって、平穏かつ公然と他人の物を占有した者は、その占有の開始の時に、善意無過失であれば、その所有権を取得することができる（民法162条2項）。この時効の効力は、その起算日にさかのぼる（民法144条）。したがって、Bは時効を援用した時点から将来に向かって甲土地の所有権を取得するのではなく、甲土地の占有を開始した時点にさかのぼって所有権を取得する。

2 **正しい。** 物権の設定及び移転は、当事者の意思表示のみによって、その効力を生ずる（民法176条）。したがって、売買契約において、特にその所有権の移転が将来なされるべき約旨に出たものでない限り、買主に対し直ちに所有権移転の効力を生ずる（判例）。本肢では、AとBとの間で甲土地の所有権の移転時期につき、代金完済時とする旨の合意がなされているので、その時に移転する。

3 **誤り。** 不動産の売買契約を解除した場合、売主は、所有権の登記を回復しなければ、解除後に当該不動産を買主から取得した第三者に対して、所有権を対抗することができない（判例）。したがって、Aは、Bとの売買契約を解除した場合、その旨の登記をしなければ、解除後に甲土地をBから買い受けたCに甲土地の所有権を対抗することができない。

4 **誤り。** 不動産に関する物権の得喪及び変更は、その登記をしなければ、第三者に対抗することができない（民法177条）。この第三者には、単純な悪意者も含まれる（判例）。したがって、BがDへの売却の事実を知っていても、単なる悪意を超えた背信的悪意者に当たらない限り、先に登記をしたBがDに甲土地の所有権を対抗することができる。

重要度 B　　難易度 ★★☆　　

共有

A、B及びCが建物を共有している場合（持分を各3分の1とする。）に関する次の記述のうち、民法の規定及び判例によれば、正しいものはどれか。

1　Aは、Bの同意がなくてもCの同意を得れば、当該建物に形状の著しい変更を伴う改変などの変更を加えることができる。

2　当該建物が第三者Dの不法行為により損傷した場合、Aは、B及びCの持分についても、Dに対し損害賠償請求権を行使することができる。

3　A、B及びCは、期間3年を超えない範囲であれば、その合意により建物の分割をしない旨の契約をすることができる。

4　共有物たる当該建物の分割について、A、B及びC間に協議が調わず、裁判所に分割請求がなされた場合、裁判所は、当該建物全体をAの所有とし、AからB及びCに対し持分の価格を賠償させる方法により分割することができる。

解答・解説

1 **誤り**。共有者は、他の共有者の同意を得なければ、共有物に変更（その形状又は効用の著しい変更を伴わないものを除く。）を加えることができない（民法251条1項）。したがって、Aは、Cの同意を得てもBの同意がなければ、建物に形状の著しい変更を伴う改変などの変更を加えることができない。

2 **誤り**。共有物に対してなされた不法行為についての損害賠償請求権は、各共有者の持分権に基づくものであることから、各共有者は、自己の持分についてのみ、不法行為者に対し損害賠償請求権を行使することができる（判例）。

3 **誤り**。各共有者は、いつでも共有物の分割を請求することができるが、5年を超えない期間内は、分割しない旨の契約をすることができる（民法256条1項）。

4 **正しい**。共有物の分割について、共有者の協議が調わないときは、分割を裁判所に請求することができる（民法258条1項）。そして、裁判所による共有物の分割においては、裁判所は、共有物を共有者のうちの一人の単独所有とし、この者から他の共有者に対して持分の価格を賠償させる方法によることもできる（同条2項2号）。

必勝合格Check!

共有物の分割

共有物分割自由の原則	各共有者は、いつでも共有物の分割を請求することができる。
不分割特約	5年を超えない期間内は、分割をしない特約は、有効である。
不分割特約の更新	不分割特約は、更新後の期間も5年を超えることはできない。
分割の手続・方法	協議による分割…共有者全員で話し合って分割する手続
	裁判による分割…共有物分割の訴えを裁判所に提起して分割する手続
	現物分割…共有物を物理的に分割する方法
	賠償分割…共有者の1人が他の共有者の持分の全部又は一部を取得する代わりに、その対価を他の共有者に支払う方法
	代金分割（競売）…共有物を第三者に売却し、その代金を分割する方法

抵当権

Aに対してBが負担する金銭消費貸借契約による債務を担保するため、Cはその所有土地に抵当権を設定し、その旨の登記をした。この場合、民法の規定及び判例によれば、次の記述のうち、正しいものはどれか。

1 Cからこの土地を譲り受け登記名義人となったDが、Bの債務を任意に弁済した場合、Dは、Bに求償することができる。

2 Cは、弁済をするについて正当な利益を有する第三者としてAに対してBの債務の一部を弁済した場合、弁済額に応じた抵当権の消滅をAに対して主張することができる。

3 Bが当該土地をCから買い受けその登記をした場合、Bは、この土地を自ら評価してその評価額をAに提供してAに対して抵当権の消滅を請求することができる。

4 Cが当該土地にEの抵当権を第二順位で登記した場合、Aは、Cの承諾を得なくても、Eとの合意により抵当権の順位を変更することができるが、その旨の登記をしなければ、順位変更について効力は生じるが、第三者に対抗することができない。

解答・解説

1 **正しい。**他人のために自己の不動産の上に抵当権を設定した者（物上保証人）が債務を弁済した場合や、抵当権の実行により不動産の所有権を失った場合、その者は債務者に対する求償権を取得する（民法351条、372条）。また、物上保証人から抵当不動産を譲り受けた第三取得者も、同様に求償権を取得する（判例）。

2 **誤り。**抵当権は、被担保債権の全部について弁済されるまで、目的物の全部についてその効力が及ぶ（抵当権の不可分性　民法296条、372条）。この性質は、物上保証人が一部弁済した場合にもあてはまる。したがって、弁済額に応じた抵当権の消滅をAに対して主張することができない。

3 **誤り。**主たる債務者、保証人及びこれらの者の承継人は、抵当権消滅請求をすることができない（民法380条）。これらの者は、債務の全額を弁済すべき立場の者だからである。

4 **誤り。**抵当権の順位は、抵当権者の合意によって変更することができる。この場合に、利害関係を有する者があるときは、それらの者の承諾を得る必要があるが、抵当権設定者はこれにあたらない（民法374条1項）。この利害関係人は、転抵当権者や被担保債権の差押債権者などである。しかし、順位の変更は、登記をしなければ効力を生じない（この場合の登記は、効力要件である。）（民法374条2項）。

抵当権

BはAに対する貸金債権の担保のためにA所有の甲土地に抵当権を設定し、その旨の登記をした場合に関する次の記述のうち、民法の規定及び判例によれば、誤っているものはどれか。

1 Aが抵当権設定後、甲土地の上に建物を築造した場合、当該建物に抵当権の効力が及び、Bは甲土地と建物を一括して競売することができ、土地及び建物の競売代金について優先権を行使することができる。

2 抵当権設定当時甲土地の上にあったAの建物がCに譲渡された場合、当該建物について保存登記がなされていないときでも、法定地上権が成立する。

3 Aから甲土地を買い取ったDがBの請求に応じて、その代価をBに弁済した場合、その代価が抵当権の被担保債権の額に満たないときでも、Bの抵当権は消滅する。

4 Aが抵当権設定後、Eとの間で甲土地を期間5年で賃貸借契約を締結し、その登記をした場合でも、原則としてEはBに対して賃借権を対抗することができない。

解答・解説

1   **誤り。**抵当権の設定後に抵当地に建物が築造されたときは、抵当権の効力はその建物には及ばないが、抵当権者は、土地とともにその建物を競売することができる。ただし、その優先権は、土地の代価についてのみ行使することができる（民法389条）。

2   **正しい。**抵当権設定時に土地と建物の双方が同一人の所有に属していれば、建物について保存登記がなくても、法定地上権が成立する（民法388条、判例）。

3   **正しい。**代価弁済の額が抵当権の被担保債権額に満たない場合であっても、抵当権は第三者のために消滅する（民法378条）。

4   **正しい。**抵当権の登記より後の賃借権は、期間の長短にかかわらず、原則として抵当権者及び競売における買受人に対抗することができない（民法177条、605条）。

必勝合格Check!

一括競売

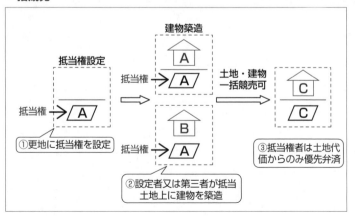

問題

10 抵当権

重要度 A 難易度 ★★☆ Check! ✓

AがA所有の更地である甲土地を担保としてBから金銭を借り入れ、その土地についてBの抵当権の登記をした後、当該土地上に乙建物を新築した。この場合、民法の規定及び判例によれば、次の記述のうち、正しいものはどれか。

1 Bは、Aに対し、乙建物の築造行為は甲土地に対するBの抵当権を侵害する行為であるとして乙建物の収去を求めることができる。

2 Bは、当該抵当権を実行するときは、甲土地と乙建物を一括して競売しなければならない。

3 乙建物についてもBの抵当権が設定され登記された場合に、その後乙建物が焼失したのでAが火災保険金を受領したときは、Bは、Aの受領した火災保険金に対して物上代位をすることができる。

4 乙建物についてもBの抵当権が設定され登記された後、Aが甲土地と乙建物をCに譲渡し、登記名義を移転した場合に、Bが抵当権を実行しようとするときは、Cは、その所有する甲土地と乙建物について買受人となることができる。

解答・解説

1　**誤り**。抵当権は、通常の使用収益の範囲内にある限り、設定者に自由に抵当権の目的物の使用収益を認めるものである。建物の新築は、土地の通常の使用方法であるので、原則として、抵当権者は設定者に対して建物の収去を求めることはできない（民法369条1項）。

2　**誤り**。土地に抵当権が設定された後、抵当地上に建物が築造されたときは、抵当権者は、土地とともに建物も一括して競売することができる（民法389条）。この場合、一括競売に付すか、土地のみを競売するかは、抵当権者の自由であって、一括競売の義務があるわけではない（判例）。

3　**誤り**。抵当権の性質の一つである物上代位性により、抵当権は、その目的物に代わる価値の上にも、それが同一性を認められる限りにおいては、その効力が及ぶ（民法304条1項、372条）。抵当不動産の滅失によって生じた火災保険金請求権も抵当権の物上代位の対象となる。ただし、抵当権者は、その保険金請求権に対して、その払渡し前に差押えをしなければならない。抵当権設定者が火災保険金を受領した後は、もはや物上代位をすることはできない。

4　**正しい**。抵当不動産の第三取得者は、抵当権の実行によって、その所有権を失うことになるが、その競売において買受人となることができる（民法390条）。

必勝合格 Check!

物上代位

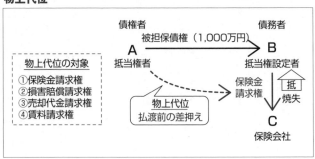

問題 11

重要度 B　　難易度 ★★☆　　Check! ✓

抵当権

次の1から4までの記述のうち、民法の規定及び判例並びに下記判決文によれば、正しいものはどれか。

（判決文）

民法304条1項の趣旨目的に照らすと、同項の「払渡又ハ引渡」には債権譲渡は含まれず、抵当権者は、物上代位の目的債権が譲渡され第三者に対する対抗要件が備えられた後においても、自ら目的債権を差し押さえて物上代位権を行使することができるものと解するのが相当である。けだし、（中略）対抗要件を備えた債権譲渡が物上代位に優先するものと解するならば、抵当権設定者は、抵当権者からの差押えの前に債権譲渡をすることによって容易に物上代位権の行使を免れることができるが、このことは抵当権者の利益を不当に害するものというべきだからである。

1　抵当不動産が、第三者に譲渡された場合、当該不動産の第三取得者に対しても抵当権を実行できるので、当該不動産の売買代金債権に対して、物上代位権を行使することはできない。

2　抵当権者は、物上代位の目的である賃料債権が譲渡され、第三者に対する対抗要件が備えられた後においては、物上代位権を行使することができない。

3　抵当権者は、抵当不動産が転貸されている場合、被担保債権の弁済期が到来していれば、転貸賃料債権に対して当然に物上代位権を行使することができる。

4　抵当権設定者は、物上代位権の行使により賃料債権が差し押さえられた場合でも、賃貸借が終了し、目的物が明け渡されたときは、敷金の充当による賃料債権の消滅を抵当権者に対抗することができる。

解答・解説

1 **誤り。**抵当権には追及効があるため、抵当不動産が譲渡された場合、その第三取得者に対して抵当権の実行ができる。したがって、売買代金債権への物上代位の必要性がないともいえるが、判例は、買戻特約付売買の買主から目的不動産につき抵当権の設定を受けた者による買戻代金債権への物上代位において、これを認めている（判例）。

2 **誤り。**判決文によれば、物上代位の目的債権が譲渡され第三者に対する対抗要件が備えられた後においても、抵当権者は、自ら目的債権を差し押さえて物上代位権を行使することができる。

3 **誤り。**抵当権者は、抵当不動産が転貸されている場合、原則として、転貸賃料債権に物上代位権を行使することはできない（判例）。

4 **正しい。**抵当権者が物上代位権を行使して賃料債権を差し押さえた場合でも、賃貸借が終了し、目的物が明け渡されたときは、賃料債権は、敷金の充当によりその限度で消滅する（判例）。抵当不動産の賃貸人である抵当権設定者は、敷金の充当による賃料債権の消滅を抵当権者に対抗することができる。

問題

12 根抵当

重要度 C　　　難易度 ★★★　　　

Check! ✓

Aは、その所有する土地についてAの債権者Bのために根抵当権を設定し、その旨の登記をした。次の記述のうち、民法の規定及び判例によれば、誤っているものはどれか。

1　元本確定前にAB間でBの根抵当権の被担保債権の範囲を変更するには、後順位の抵当権者の承諾を得ることを要しない。

2　AB間でBの根抵当権の元本確定期日を変更するには、後順位の抵当権者の承諾を得ることを要しない。

3　元本確定後にBがCに対し被担保債権を譲渡しても、Cは、その被担保債権について根抵当権を行使することはできない。

4　元本確定後、Aは、極度額を現存する債務額と以後2年間に生ずべき利息その他の定期金及び債務不履行による損害賠償額とを加えた額に減額することを請求することができる。

解答・解説

1 **正しい。**元本確定前においては、根抵当権設定契約当事者は、根抵当権の被担保債権の範囲を変更することができ（民法398条の4第1項前段）、この変更について後順位抵当権者その他の第三者の承諾を要しない（民法398条の4第2項）。

2 **正しい。**根抵当権者と根抵当権設定者との合意によって、根抵当権の元本確定期日を定めることができ、これを変更することもできる（民法398条の6第1項）。この変更には後順位抵当権者その他の第三者の承諾を必要としない（民法398条の6第2項、398条の4第2項）。

3 **誤り。**元本の確定前に根抵当権の被担保債権を譲渡しても根抵当権は譲受人に移転しないが（民法398条の7第1項前段）、元本の確定後に被担保債権を譲渡したときは、根抵当権は被担保債権に随伴する。

4 **正しい。**元本確定後においては、根抵当権設定者は、その根抵当権の極度額を、現に存する債務の額と以後2年間に生ずべき利息その他の定期金及び債務の不履行による損害賠償の額とを加えた額に減額することを請求することができる（民法398条の21）。

必勝合格 Check!

根抵当

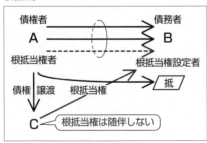

問題 13　時効

AがBに対し売買代金債権を有している場合に関する次の記述のうち、民法の規定によれば、正しいものはどれか。

1　AがBに対して代金の支払いを求める訴えを提起したが、訴えの取下げにより、その権利が確定することなく訴訟が終了したときは、時効の完成猶予及び時効の更新のいずれの効力も生じない。

2　AがBに対して催告をしたことにより時効の完成が猶予されている間に、Aが、再び催告をしたときは、再度の催告の時からさらに6か月を経過するまでの間、時効の完成が猶予される。

3　AとBが権利についての協議を行う旨の合意を書面でしたことにより時効の完成が猶予されている間に、再度、協議を行う旨の合意を書面でしたときは、原則として、その合意の時からさらに時効の完成猶予の効力が生じる。

4　AのBに対する売買代金債権を担保するためにCが物上保証人となった場合、BがAに対し当該売買代金債務が存在することを時効期間の経過前に承認したときであっても、Cは、当該売買代金債務の消滅時効の更新の効力を否定することができる。

解答・解説

1 **誤り**。訴えの取下げなどにより、権利が確定することなく訴訟が終了したときは、時効の更新の効力は生じない。しかし、その終了の時から6か月を経過するまでの間は、時効の完成猶予の効力が生じる（民法147条1項かっこ書）。

2 **誤り**。催告による時効の完成猶予の効果は1回のみであり、催告による時効の完成猶予期間中に再度の催告を行っても時効の完成猶予の効力を有しない（民法150条2項）。

3 **正しい**。協議を行う旨の書面による合意は、繰り返すことができる（民法151条2項本文）。なお、その効力は、時効の完成が猶予されなかったとすれば時効が完成すべき時（本来の時効が完成すべき時）から通じて5年を超えることができない（同項ただし書）。

4 **誤り**。債務者が債務を承認すれば消滅時効は更新する（民法152条1項）。そして、物上保証人が、この消滅時効の更新の効力を否定することは許されない（判例）。債務者の承認により被担保債権について生じた消滅時効の更新の効力を物上保証人が否定することは、担保の付従性に抵触するからである。

問題 14 　重要度 A 　難易度 ★★☆ 　Check! ✓

債務不履行

令和6年4月1日にA所有の甲建物につきAB間の売買契約が成立し、当該売買契約において令和6年5月1日をもってBの代金支払いと引換えにAは甲建物をBに引き渡す旨合意されていた。この場合に関する次の記述のうち、民法の規定及び判例によれば、正しいものはどれか。

1　甲建物が、Aの責めに帰すべき事由により同年3月1日にすでに滅失していた場合、AB間の売買契約は無効となる。

2　Bが同年5月1日に代金の提供をしたが、Aが甲建物の引渡しを怠った場合、Aの債務不履行に基づく損害賠償債務は、同年5月1日から直ちに履行遅滞に陥る。

3　Bが同年5月1日に代金の提供をしたが、Aが甲建物の引渡しを怠った場合、同年5月10日に不可抗力により甲建物が全焼したときであっても、Bは、Aの債務不履行を理由に損害賠償を請求することができる。

4　AB間で債務不履行について損害賠償の額の予定がある場合、Bは、Aの債務不履行に基づき被った損害額がその予定額を超えることを立証すれば、その超過する部分について損害賠償を請求することができる。

解答・解説

1 **誤り**。契約に基づく債務の履行が、債務者の責めに帰すべき事由によって、その契約の成立の時に不能であった場合でも、その契約は有効であり、債権者は履行不能を理由に、債務者に対し損害の賠償を請求することが可能である（民法412条の2第2項）。

2 **誤り**。債務不履行に基づく損害賠償債務は、期限の定めのない債務であるから、債権者Bから「履行の請求を受けた時」に履行遅滞となる（民法412条3項、判例）。

3 **正しい**。債務者がその債務について遅滞の責任を負っている間に当事者双方の責めに帰することができない事由によってその債務の履行が不能となったときは、その履行の不能は債務者の責めに帰すべき事由によるものとみなされる（民法413条の2第1項）。本肢では、Aが履行遅滞に陥っている間に、不可抗力によって甲建物が滅失しているので、Aの責めに帰すべき事由によるものとみなされ、Bは、Aの債務不履行を理由に損害賠償を請求することができる。

4 **誤り**。損害賠償の額の予定は、当事者間の契約で定めるものであるから、当事者はこの契約に拘束される。したがって、損害賠償額の予定があるときは、実際の損害額が、その予定額を超えることを立証しても、超過する部分の損害賠償を請求することはできない。

問題 15 多数当事者の債務

重要度 B　　難易度 ★★★　　Check! ✓

AとBが4,000万円の連帯債務をCに対して負っている（負担部分は2分の1ずつ）場合と、Dが主たる債務者としてEに4,000万円の債務を負い、FはDから委託を受けてその債務の連帯保証人となっている場合に関する次の記述のうち、民法の規定によれば、誤っているものはどれか。なお、CとABとの間、EとDFとの間にその他特段の約定はないものとする。

1 　4,000万円の返済期限が到来した場合、CはA又はBにそれぞれ4,000万円を請求することができ、EはDにもFにも4,000万円を請求することができる。

2 　CがBに対して債務の全額を免除しても、AはCに対してなお4,000万円の債務を負担するが、EがFに対して連帯保証債務の全額を免除すると、Dの債務は消滅する。

3 　Aが4,000万円を弁済した場合には、Aは2,000万円についてBに対して求償することができ、Fが4,000万円を弁済した場合、Fは4,000万円についてDに求償することができる。

4 　Aが債務を承認して時効が更新しても、Bの連帯債務の時効は更新しないが、Dが債務を承認して時効が更新した場合は、Fの連帯保証債務の時効も更新する。

解答・解説

1 **正しい**。CはA又はBに対して全額（4,000万円）を請求することができ、EはDにもFにも4,000万円を請求することができる（民法436条、454条）。

2 **誤り**。連帯債務者の1人について、弁済、更改、相殺、及び混同があった場合を除き、原則として、連帯債務者の1人について生じた事由は、他の連帯債務者に対してその効力を生じない（民法441条本文）。連帯保証人について、弁済、更改、相殺、及び混同があった場合を除き、連帯保証人に生じた事由は、主たる債務者にその効力を生じない（民法458条）。前半は正しいが、後半が誤り。

3 **正しい**。連帯債務者の1人が弁済をした場合、その連帯債務者は、他の連帯債務者に対し各自の負担部分に応じた額について求償することができる（民法442条1項）。主たる債務者の委託を受けて保証をした場合、Fは4,000万円についてDに対して求償することができる（民法459条1項）。

4 **正しい**。Aの債務の承認は相対的効力しか有しないので、Aの債務の承認によりAに対する時効が更新しても、Bに対する消滅時効の進行には影響しない（民法441条）。主たる債務者Dに対する時効の更新は、連帯保証人Fにも効力を生じる（民法457条1項）。

16 多数当事者の債務

保証契約に関する次の記述のうち、民法の規定によれば、正しいものはどれか。

1　個人根保証契約は、書面（又は電磁的記録）により極度額を定めなければ、その効力を生じない。

2　債権者は、保証人から請求があったときは、主たる債務者の委託の有無にかかわらず、保証人に対して、主たる債務の履行状況に関する所定の情報を提供しなければならない。

3　事業のために負担した貸金等債務を主たる債務とする保証契約は、その契約締結日前1か月以内に、保証人（個人を除く。）が、保証債務を履行する意思を一定の方式を備えた公正証書で表示していなければ、その効力を生じない。

4　債権者は、主たる債務者が期限の利益を喪失したときは、保証人が法人であるか個人であるかにかかわらず、保証人に対し、その旨を通知しなければならない。

解答・解説

1 **正しい。**個人根保証契約は、書面（又は電磁的記録）により極度額を定めなければ、その効力を生じない（民法465条の2、446条2・3項）。

2 **誤り。**債権者が、主たる債務の履行状況に関する情報の提供義務を負うのは、委託を受けた保証人が請求したときだけである（民法458条の2）。

3 **誤り。**事業のために負担した貸金等債務を主たる債務とする保証契約は、その契約締結日前1か月以内に、保証人（法人を除く。）が、保証債務を履行する意思を一定の方式を備えた公正証書で表示していなければ、その効力を生じない（民法465条の6第1項）。この規定は、保証人が法人の場合には適用されない。

4 **誤り。**債権者は、主たる債務者が期限の利益を喪失したときは、個人の保証人に対し、その利益の喪失を知った時から2か月以内に、その旨を通知しなければならない（民法458条の3第1項）。法人である保証人に対して通知は不要である（同条3項）。

必勝合格Check!

個人根保証契約

条文・原則
1　一定の範囲に属する不特定の債務を主たる債務とする保証契約（根保証契約）は、保証人が法人でないとき（個人根保証契約）は、主たる債務の元本や利息等について、極度額を限度として、その履行をする責任を負う（465条の2第1項）。 2　個人根保証契約は、極度額を定めなければ、その効力を生じない（同条2項）。 3　極度額の定めは書面（又は電磁的記録）でされなければ効力を生じない（同条3項）。

問題

17 債権譲渡

重要度 C　　難易度 ★★☆

Check! ✓

Aは、Bに対して貸付金債権を有しており、この貸付金債権をCに対して譲渡した。この場合、民法の規定及び判例によれば、次の記述のうち、正しいものはどれか。

1　当該貸金債権についてAB間で譲渡制限の意思表示がなされていた場合において、Cが、その意思表示がされたことを知っていたときでも、Cは、当該債権を取得することができる。

2　BがAから債権譲渡の通知を受けた場合、Bがその通知を受けた時点においてAに対して既に弁済期の到来した債権を有しているときでも、Bは、Cに対し相殺をもって対抗することができない。

3　CがBに対して確定日付のある証書による通知をすると、Cは、Bに対し債務の履行を請求することができる。

4　Aが当該貸付金債権をDに対しても譲渡し、Cへは令和6年4月10日付、Dへは同月9日付のそれぞれ確定日付のある証書によってBに通知した場合で、いずれの通知もBによる弁済前に到達したとき、Bへの通知の到達の先後にかかわらず、DがCに優先して権利を行使することができる。

解答・解説

1 **正しい。**当事者が債権の譲渡を禁止し、又は制限する旨の意思表示（以下「譲渡制限の意思表示」という。）をしたときであっても、債権の譲渡は、その効力を妨げられない（民法466条2項）。たとえ、譲受人が、譲渡制限の意思表示につき悪意・善意有重過失であっても、譲受人は、債権を取得することができる。

2 **誤り。**債務者は、対抗要件具備時より前に取得した譲渡人に対する債権による相殺をもって譲受人に対抗することができる（民法469条1項）。したがって、Bは、Cに対して相殺をもって対抗することができる。

3 **誤り。**債権譲渡の対抗要件である債務者への通知は、譲渡人Aがしなければならず、譲受人Cが通知をしても、債務者に対抗することはできない（民法467条1項）。その通知が確定日付のある証書による場合でも同様である。

4 **誤り。**二重譲渡のいずれの譲受人についても、ともに確定日付のある証書による通知がなされた場合には、確定日付の前後ではなく、当該通知の債務者への到達の先後によって優劣が決せられる（判例）。

必勝合格Check!

譲渡制限特約違反の債権譲渡

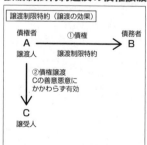

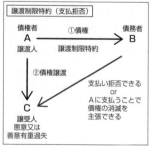

問題 18 債務引受け

AのBに対する金銭債務についてCが引受人となる場合に関する次の記述のうち、民法の規定によれば、誤っているものはどれか。

1　併存的債務引受においては、Cは、Aと連帯して、AがBに対して負担する債務と同一の内容の債務を負担する。

2　併存的債務引受は、AとCとの契約によってすることはできない。

3　免責的債務引受においては、CはAがBに対して負担する債務と同一の内容の債務を負担し、Aは自己の債務を免れる。

4　免責的債務引受は、BとCとの契約によってすることができるが、この場合、BがAに対してその契約をした旨を通知した時に、その効力を生ずる。

解答・解説

1 **正しい**。併存的債務引受の引受人は、債務者と連帯して、債務者が債権者に対して負担する債務と同一の内容の債務を負担する（民法470条1項）。

2 **誤り**。併存的債務引受は、債権者Bと引受人となる者Cとの契約によってすることができる。また、債務者Aと引受人Cとなる者との契約によってもすることができる。なお、後者の場合、「債権者B」が引受人となる者Cに対して承諾をした時に、その効力を生ずる（民法470条2項・3項）。

3 **正しい**。免責的債務引受の引受人は債務者が債権者に対して負担する債務と同一の内容の債務を負担し、債務者は自己の債務を免れる（民法472条1項）。

4 **正しい**。免責的債務引受においては、債権者Bと引受人となる者Cとの契約によってすることができるが、この場合、債権者Bが債務者Aに対してその契約をした旨を通知した時に、その効力を生ずる（民法472条2項）。なお、債務者Aと引受人となる者Cが契約をし、債権者Bが引受人となる者に対して承諾をすることによってもすることができる（同条3項）。

問題 19

重要度 **B**　　難易度 ★★★　　

債務の弁済

土地の売主Ａが買主Ｂに対して有する売買代金債権に関する次の記述のうち、民法の規定及び判例によれば、誤っているものはどれか。

1　Ａがあらかじめ売買代金の受領を拒絶したときでも、Ｂは、原則として、まず口頭の提供をしなければ供託することができない。

2　Ａが被保佐人で、保佐人の同意を得ないで売買契約を締結した場合であっても、ＡがＢに対し代金の支払いを請求したときは、売買契約を追認したものとみなされて、Ａは、売買契約を取り消すことができない。

3　代金の支払時期について期限を定めているときでも、Ｂが破産手続開始の決定を受けた場合、Ａは、直ちに代金の支払いを請求することができる。

4　地震による交通の途絶によってＢが履行期に代金の支払いができなかった場合でも、Ａは、Ｂに対しＢの代金支払いがなされなかったことから生じた損害の賠償を請求することができる。

解答・解説

1　正しい。 債権者があらかじめ弁済の受領を拒絶したときでも、弁済者は、原則として、まず口頭の提供をしなければ供託により債務を免れることはできない（民法494条1項1号）。なお、債務者が口頭の提供をしても債権者が受領しないことが明確な場合には、例外として、口頭の提供なしでの供託も有効である（判例）。

2　誤り。 被保佐人が保佐人の同意を得ないで売買契約を締結した場合は、取り消すことができる（民法13条4項）。なお、追認できる者が、相手方に対して履行の請求等をしたときは法定追認となり、もはや取り消すことができなくなるが、この法定追認は、追認ができる者が行った場合（例えば、被保佐人が保佐開始の審判が取り消された後に請求した場合）に生ずるのであり、被保佐人が行っても、法定追認とはならない（民法125条）。

3　正しい。 代金の支払時期について期限を定めていても、債務者である買主Ｂが破産手続開始の決定を受ければ、Ｂは期限の利益を失う（民法137条1号）。したがって、債権者Ａは、直ちに代金の支払いを請求することができる。

4　正しい。 金銭債務については、不可抗力により履行できない場合であっても、債務不履行責任を負う（民法419条3項）。したがって、Ａは、Ｂに対して、損害賠償を請求することができる。

必勝合格Check!

弁済の提供の方法

原則	現実の提供が必要
例外①	債権者の受領拒絶 ↓ 口頭の提供可
例外②	債権者の受領拒絶意思が**明確** ↓ 口頭の提供さえ**不要**（判例）

問題 20 債務の弁済

第三者の弁済に関する次の記述のうち、民法の規定及び判例によれば、正しいものはどれか。

1　借地権者が地代の支払を怠っている場合、借地上の建物の賃借人は、借地権者の意思に反して、借地権設定者に対して、地代の弁済をすることはできない。

2　債権者と債務者が第三者の弁済を制限する旨の意思表示をしていた場合、弁済をするについて正当な利益を有する者であっても、弁済をすることはできない。

3　弁済をするについて正当な利益を有しない者が債務者の意思に反してした弁済は、債権者が、そのことを知らずに受領した場合であっても、その効力を有しない。

4　弁済をするについて正当な利益を有しない者が弁済をした場合において、その弁済が債務者の意思に反しないときは、債権者はその受領を拒むことができない。

解答・解説

1 **誤り**。弁済をするについて正当な利益を有しない第三者は、原則として、債務者の意思に反して弁済をすることができない（民法474条2項本文）。ここで、正当な利益とは、法律上の利害関係をいう（判例）。借地人が借地上に所有する建物の賃借人は、借地人の土地賃貸人に対する地代債務を弁済するについて法律上の利害関係を有する（判例）。よって、借地上の建物の賃借人は、借地人の意思に反しても、地代を弁済することができる。

2 **正しい**。当事者が第三者の弁済を禁止し、又は制限する旨の意思表示をしたときは、弁済をするについて正当な利益を有する者であっても、弁済をすることができない（民法474条4項・1項）。

3 **誤り**。弁済をするについて正当な利益を有しない第三者が、債務者の意思に反して弁済した場合であっても、債務者の意思に反することを債権者が知らなかったときは、その弁済は効力を有する（民法474条2項ただし書）。

4 **誤り**。弁済をするについて正当な利益を有しない第三者であっても、債務者の意思に反しないのであれば、弁済が可能なはずである（民法474条2項本文）。しかし、この場合でも、その第三者が債務者の委託を受けて弁済をする場合において、そのことを債権者が知っていたときを除き、弁済をするについて正当な利益を有しない第三者は、債権者の意思に反しては、弁済ができない（民法474条3項）。つまり、債権者は弁済の受領を拒むことができるのである。

重要度 B　　難易度 ★★☆　　

相殺

AがBに対して500万円の金銭債権を有しており、BがAに対して500万円の金銭債権を有している場合の相殺に関する次の記述のうち、民法の規定及び判例によれば、正しいものはどれか。なお、AとBとの間にその他特段の約定はないものとする。

1　Aの債権について弁済期の定めがなく、Aから履行の請求がない場合、Bは、自己の債権の弁済期が到来すれば、相殺をすることができる。

2　Aの債務が、AのBに対する悪意による不法行為に基づいて発生した損害賠償の債務である場合、Bは、相殺をもって、Aに対抗することができない。

3　ABの各債権が履行期に達した後、Aの債権が時効によって消滅したときは、Aは、Bに対して相殺をすることができない。

4　BがAに対する債権を取得する前に、CがAのBに対する債権を差し押えた場合、Bの債権が差押え後の原因に基づいて生じたものであるときは、Bは、Aに対する相殺をもってCに対抗することができる。

解答・解説

1 **正しい**。自働債権（BのAに対する債権）について弁済期が到来していれば、受働債権（AのBに対する債権）の弁済期が到来していなくても、相殺をすることができる（判例）。

2 **誤り**。悪意による不法行為に基づく損害賠償債務の債務者は、相殺をもって債権者に対抗することができない（民法509条1号）。つまり、加害者Aから相殺を主張することはできない。一方、被害者Bから相殺を主張することは許される（判例）。

3 **誤り**。時効消滅した債権でも、その消滅以前に相殺適状にあれば、これを自働債権として相殺することができる（民法508条）。本肢では、Aの債権が時効消滅する前に、Bの債権と相殺適状になっていたのであるから、Aは、自らの債権が時効消滅した後であっても、Bに対して相殺をすることができる。

4 **誤り**。差押えを受けた債権の第三債務者Bは、差押え後に取得した債権（差押え前の原因に基づいて生じたものを除く。）による相殺をもって差押債権者Cに対抗することができない（民法511条1・2項）。したがって、Bは、その後に取得したAに対する債権を自働債権とする相殺をもってCに対抗することができない。

問題

重要度 B　　難易度 ★★★　　Check! ✓

22 同時履行の抗弁権

民法第533条本文は、「双務契約の当事者の一方は、相手方がその債務の履行を提供するまでは、自己の債務の履行を拒むことができる。」と定めている。これに関する次の記述のうち、民法の規定及び判例によれば、誤っているものはどれか。

1　建物の建築請負契約の目的物に契約不適合があった場合の損害賠償義務と、注文者の当該請負契約に係る報酬の支払債務は、同時履行の関係に立つ。

2　売買契約が第三者の詐欺を理由として有効に取り消された場合における当事者双方の原状回復義務は、同時履行の関係に立つ。

3　賃貸借終了時における敷金返還義務と目的物の引渡義務とは、同時履行の関係に立たない。

4　貸金債務の弁済と当該債務の担保のための抵当権設定登記の抹消登記手続とは、同時履行の関係に立つ。

解答・解説

1 **正しい。**請負の目的物に契約不適合があった場合の損害賠償義務の履行と報酬の支払いとは、同時履行の関係に立つ（民法533条かっこ書、判例）。

2 **正しい。**売買契約が第三者の詐欺を理由に有効に取り消された場合における当事者双方の原状回復義務は（民法121条の2）、同時履行の関係に立つ（判例）。

3 **正しい。**賃貸借終了時における敷金返還義務と目的物の引渡義務とは、同時履行の関係に立たない（民法622条の2第1項1号、判例）。

4 **誤り。**貸金債務の弁済と当該債務の担保のための抵当権設定登記の抹消登記手続とは、同時履行の関係に立たない（判例）。

必勝合格 Check!

同時履行の抗弁権の成否

同時履行の関係に立つ	同時履行の関係に立たない
①解除による双方の原状回復義務	⑦賃借家屋の明渡しと敷金返還
②取消しによる双方の原状回復義務	⑧造作買取請求権の行使による造作買取代金支払いと建物の明渡し
③委任事務の履行により得られる成果の引渡債務と報酬支払債務	⑨金銭消費貸借契約における弁済義務と抵当権設定登記の抹消登記手続の履行義務
④請負人の目的物引渡債務と報酬支払債務	
⑤請負目的物に契約不適合があった場合の損害賠償債務と報酬支払債務	
⑥建物買取請求権の行使による建物代金支払いと土地の明渡し	

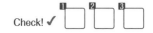
23 手付

Aを売主、Bを買主とするAの所有地についての売買契約がなされ、BはAに手付を交付したが、その手付は解約手付である旨を約定した。この場合、民法の規定及び判例によれば、次の記述のうち、誤っているものはどれか。

1　手付の額が売買代金の額に比べて僅少である場合でも、本件約定は効力を有する。

2　本件売買契約においてBの債務不履行について損害の賠償額を予定した場合、Bに債務不履行があったとき、Aは、実際の損害額が予定額より大きいことを証明して、予定額を超えて請求することができない。

3　Aが本件約定に基づき売買契約を解除する場合、Aは、Bに対して、単に口頭で手付の額の倍額を償還することを告げて受領を催告するだけでは足りず、これを現実に提供しなければならない。

4　Aの債務の履行後、Bが代金の支払期日を過ぎても支払いに応じない場合、Aが期間を定めないで行った催告は無効であり、Aは、本件売買契約を解除することはできない。

解答・解説

1 **正しい**。手付の金額が僅少であっても、解約手付である旨を約定していれば、解約手付としての効力がある。

2 **正しい**。損害賠償額の予定をしていたときは、債権者は、実際の損害額が予定額より大きいことを証明しても、予定額を超えて請求することができない（民法420条1項）。

3 **正しい**。手付を受け取った者が手付倍返しで契約を解除しようとするときは、口頭の提供では足りず、現実の提供をしなければならない（民法557条1項）。

4 **誤り**。履行遅滞の場合、債権者による催告は、相当の期間を定めて行うものとされている（民法541条）。しかし、期間を定めない催告や期間が不相当に短い催告も当然に無効となるのではなく、相当な期間が経過することによって、解除権は発生するものとされる（判例）。

必勝合格 **Check!**

解約手付の行使

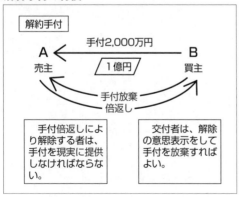

売主の担保責任

Aを売主、Bを買主として、A所有の甲自動車を50万円で売却する契約（以下この問において「本件契約」という。）が令和6年5月1日に締結され、Bに甲自動車が引き渡されたが、その半年後に甲自動車に契約の内容に適合しない欠陥があることをBが知った場合に関する次の記述のうち、民法の規定によれば、正しいものはどれか。なお、当該欠陥はBの責めに帰すべき事由によるものではないものとする。

1　Bは、当該欠陥の修理が可能か否かにかかわらず、Aに対して修理を請求することなく、本件契約の解除をすることができる。

2　Bは、当該欠陥の修理が可能か否かにかかわらず、Aに対して修理を請求することなく、売買代金の減額を請求することができる。

3　Bが当該欠陥を理由にAに対して損害賠償請求をすることができるのは、当該欠陥を理由に本件契約を解除することができない場合に限られる。

4　Bが当該欠陥の存在を知った時から1年が経過してもその旨をAに通知しなかった場合、Aが甲自動車の引渡し時に当該欠陥の存在を知っていたときには、Bは当該欠陥の存在を知った時から5年以内であれば、BはAに対して契約不適合責任を追及することができる。

解答・解説

1　**誤り。**品質に関する契約不適合の場合、履行の追完（本問では「修理」）が可能ならば、買主は、売主に追完の催告をしてからでなければ、解除できない（民法562条1項、564条、541条本文）。

2　**誤り。**肢1と同様に、履行の追完が可能ならば、買主は、売主に追完の催告をしてからでなければ、原則として、代金の減額を請求できない（民法562条1項、563条1項）。

3　**誤り。**契約不適合を理由とする損害賠償請求及び解除権の行使は、各々の要件を満たせば可能であり（民法564条、415条、541条、542条）、解除権の行使は損害賠償の請求を妨げない（民法545条4項）。

4　**正しい。**種類又は品質に関する契約不適合責任を追及するには、買主が不適合の存在を知った時から1年以内にその旨を売主に通知しなければならないのが原則であるが、売主が引渡し時にその不適合を知っていたときは、通知は不要である（民法566条）。本肢のBは、不適合を知った時から5年以内（消滅時効の期間内）であれば、Aに対して契約不適合責任を追及できる（民法562条〜564条、166条1項）。

必勝合格 Check!

売主の担保責任のまとめ

	追完請求	代金減額請求	解除	債務不履行に基づく損害賠償請求	不適合を認識した後の不通知による失権
種類・品質に関する契約不適合	○	○（催告又は無催告の要件を満たす場合）	○（催告解除又は無催告解除が認められる場合）	○（売主に帰責事由がある場合）	○
数量に関する契約不適合					×
権利移転面での契約不適合（一部他人物、他人の賃借権の存在等）					×
・全部他人物で権利移転ができなかった場合 ・抵当権が実行された場合	×（履行不能）	×（履行不能）	○（履行不能による無催告解除）	○（売主に帰責事由がある場合）	×

● 売主・買主の善意又は悪意は、当事者が、ある事実を契約内容としたかどうか（契約内容の確定）に関する判断に取り込む。
（例）買主が土地の欠陥に気づいたあるいは気づき得た場合は、その欠陥は、契約内容に取り込まれる。したがって、その欠陥があっても契約不適合ということはできない。
● 買主に不適合に関する帰責事由がある場合は買主は追完請求、代金減額請求及び解除権の行使はできない。

委任

委任に関する次の記述のうち、民法の規定によれば、**誤っているもの**はどれか。

1　受任者は、委任契約が無償の場合であっても、委任の本旨に従い、善良な管理者の注意をもって、委任事務を処理する義務を負う。

2　受任者は、委任者の責めに帰することができない事由によって委任事務の履行をすることができなくなったときは、既にした履行の割合に応じた報酬を請求することができない。

3　委任者が、受任者の利益をも目的とする委任を解除した場合において、その受任者の利益が、専ら報酬を得ることによるものでないときは、委任者は、やむを得ない事由があったときを除き、相手方の損害を賠償しなければならない。

4　委任者が死亡したために委任が終了した場合、急迫の事情があるときは、受任者は、委任者の相続人が委任事務を処理することができるに至るまで、必要な処分をしなければならない。

解答・解説

1 **正しい。**受任者は、報酬の有無、その多少にかかわらず、委任の本旨に従い、善良な管理者の注意をもって、委任事務を処理する義務を負う（民法644条）。

2 **誤り。**受任者は、①委任者の責めに帰することができない事由によって委任事務の履行をすることができなくなったとき、又は②委任が履行の中途で終了したときは、既にした履行の割合に応じて報酬を請求することができる（民法648条3項）。

3 **正しい。**委任は、各当事者がいつでもその解除をすることができる（民法651条1項）。ただし、委任者が、①相手方に不利な時期に委任を解除をしたとき、又は、②委任者が受任者の利益（専ら報酬を得ることによるものを除く。）をも目的とする委任を解除したときは、やむを得ない事由があったときを除き、相手方の損害を賠償しなければならない（同条2項）。

4 **正しい。**委任者の死亡により、委任は終了するが（民法653条1号）、その場合、急迫の事情があるときは、受任者は、委任者の相続人が委任事務を処理することができるに至るまで、必要な処分をしなければならない（民法654条）。

請負契約に関する次の記述のうち、民法の規定及び判例によれば、誤っているものはどれか。

1　目的物の引渡しを要する請負契約の場合、報酬は、仕事の目的物の引渡しと同時に、支払わなければならない。

2　注文者の責めに帰することができない事由によって仕事を完成することができなくなった場合であっても、請負人は注文者が受ける利益の割合に応じて報酬を請求することができることがある。

3　請負が仕事の完成前に解除された場合であっても、請負人は注文者が受ける利益の割合に応じて報酬を請求することができることがある。

4　注文者の責めに帰すべき事由によって仕事を完成することができなくなった場合には、請負人は残債務を免れるが、その報酬を請求することはできない。

解答・解説

1　**正しい。**目的物の引渡しを要する請負契約の場合、報酬は、仕事の目的物の引渡しと同時に、支払わなければならない（民法633条本文）。

2　**正しい。**注文者の責めに帰することができない事由によって仕事を完成することができなくなった場合、請負人が既にした仕事の結果のうち可分な部分の給付によって注文者が利益を受けるときは、その部分は仕事の完成とみなされる。この場合において、請負人は、注文者が受ける利益の割合に応じて報酬を請求することができる（民法634条1号）。

3　**正しい。**請負が仕事の完成前に解除された場合も、肢2と同様に、請負人が既にした仕事の結果のうち可分な部分の給付によって注文者が利益を受けるときは、その部分は仕事の完成とみなされる。この場合において、請負人は、注文者が受ける利益の割合に応じて報酬を請求することができる（民法634条2号）。

4　**誤り。**注文者の責めに帰すべき事由によって仕事を完成することができなくなったときは、請負人は、残債務を免れるとともに、注文者に請負代金全額を請求することができる。なお、請負人は、自己の債務を免れたことによる利益を注文者に償還しなければならない（民法536条2項、判例）。

必勝合格 Check!

請負の報酬支払い

●請負は、仕事の「完成」を目的とした契約
　→　仕事を終えた後でなければ報酬を請求できない。
※目的物の引渡しを要するときは、引渡しと報酬支払いは、同時履行の関係に立つ。

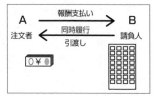

●仕事が完成しない場合の報酬
　①注文者の責めに帰することができない事由によって仕事の完成ができなくなったとき
　②請負が仕事の完成前に解除されたとき
　→　既にした仕事によって注文者が利益を受ける可分な部分は完成したものとみなされ、注文者が利益を受ける割合に応じて報酬請求できる。
※注文者の責めに帰すべき事由によって仕事の完成ができなくなったときは、注文者は報酬支払いを拒めない（536条2項）。

問題　重要度 A　　難易度 ★☆☆

27 賃貸借

Aは所有家屋をBに賃貸し、BはAの承諾を得てさらに当該建物をCに転貸している。この場合に関する次の記述のうち、民法及び借地借家法の規定並びに判例によれば、正しいものはどれか。

1　AがCに対し賃料を直接請求した場合、Cは、Aに対して、Bに賃料を前払いしていることを対抗することができる。

2　AB間の賃貸借契約が合意解除された場合、特別の事由のない限り、BC間の転貸借契約は終了しない。

3　CがAから当該建物の所有権を取得した場合、Bの賃借権もCの転借権も当然に消滅する。

4　AはBの債務不履行（賃料の滞納）によりAB間の賃貸借契約を解除しようとする場合、Aはその旨をCに通知し、Bに代わって賃料を支払う機会を与えなければならない。

解答・解説

1 **誤り**。適法に転貸借がなされた場合、転借人（C）は、賃貸人（A）に対して、直接に賃料を支払う義務を負う。この場合、Cは、Aに対して、転貸人（B）に賃料を前払いしていることを対抗することはできない（民法613条1項）。

2 **正しい**。適法に転貸借がなされている場合には、AB間で賃貸借を合意解除しても、その解除の当時、AがBの債務不履行による解除権を有していたときを除き、BC間の転貸借契約は終了しない（民法613条3項）。

3 **誤り**。CがAから建物の所有権を取得するとAC間に混同を生じるが、賃借人Bの賃借権が対抗力を有するときはもちろん、そうでないときにも、CはAの使用収益させる義務を承継し、Bの賃借権（Cの転借権も）は当然には消滅しない（判例）。

4 **誤り**。AはBの債務不履行（賃料の滞納）により賃貸借契約を解除しようとする場合、Cに通知して賃料支払いの機会を与えなければならないわけではない（判例）。

必勝合格Check!

賃貸借が終了する場合における転借人への影響

終了原因	転借人への影響
①期間満了又は解約申入れにより終了	賃貸人が転借人へ通知した場合には、通知後6か月で転貸借は終了
②賃借人の債務不履行により終了	賃貸人が転借人へ目的物の返還を請求した時に、転貸借も終了
③合意解除により終了	原則として、転借人は自己の権利を賃貸人に対抗できる

問題

28

重要度 A　　難易度 ★★★　　Check! ✓ □ □ □

賃貸借

賃貸借に関する次の記述のうち、民法の規定及び判例によれば、正しいものはどれか。

1　敷金が授受された賃貸借契約の継続中において、賃借人は、賃貸人に対し、敷金を未払い賃料債務の弁済に充当することを請求することができる。

2　賃貸借契約の目的である建物が賃借人の責めに帰すべき事由によらずに損傷した場合、特約がない限り、賃借人が、その建物の修繕義務を負う。

3　賃借人が賃貸物を受け取った後にこれに生じた損傷がある場合、その損傷が通常の使用及び収益によって生じた損耗であっても、賃借人は、賃貸借が終了したときに、その損傷を原状に復する義務を負う。

4　賃貸借契約の目的である建物が、第三者の放火により滅失したときは、当該賃貸借契約は、当然に終了する。

解答・解説

1 **誤り。**敷金は、賃貸人が有する担保であるから、賃借人から、賃貸人に対し、敷金をその未払い賃料債務の弁済に充てることを請求することはできない（民法622条の2第2項後段）。

2 **誤り。**賃貸借の目的物の修繕義務は、特約がない限り、賃貸人が負う（民法606条1項本文）。なお、賃借人の責めに帰すべき事由によってその修繕が必要となったときは、賃貸人は修繕義務を負わない（同項ただし書）。

3 **誤り。**通常の使用収益によって生じた賃借物の損耗及び賃借物の経年変化による損傷については、賃借人は、原状回復義務を負わない（民法621条本文）。なお、これ以外の損傷であっても、それが賃借人の責めに帰することができない事由によるものであるときは、賃借人は、原状回復義務を負わない（同条ただし書）。

4 **正しい。**賃借物の全部が滅失その他の事由により使用及び収益をすることができなくなった場合には、賃貸借は、これによって当然に終了する（民法616条の2）。

必勝合格Check!

敷金とは

条文・原則

1　敷金とは、賃借人が、賃料債務その他賃貸借関係より生じた一切の債務を担保するため賃貸人に交付する金銭のことである（622条の2第1項）。

2　賃貸借が終了し、かつ、賃貸人が賃貸物の返還を受けたとき、それまで生じた賃借人の未払賃料や賃借物損壊の弁償金などを控除した残額につき、賃借人に返還請求権が生ずる（同項1号）。

29 賃貸借

AがBに賃貸している建物が損傷した場合に関する次の記述のうち、民法の規定及び判例によれば、正しいものはどれか。

1　Bが当該建物をAの承諾を得てCに転貸し、損傷がCの過失に基づく場合、CはAに対して損害賠償の責任を負うが、特約のない限り、Cは、BがAに対して有する敷金返還請求権との相殺を主張することができる。

2　損傷がBの過失に基づく場合、BがAに対して負担する不法行為に基づく損害賠償債務は、Bの不法行為の時から遅滞となり、その時から遅延損害金が発生する。

3　Bが当該建物をAの承諾を得てDに転貸していた場合、損傷につきDに過失があったときでも、Bに過失がなければ、Aは、Bとの賃貸借契約を解除することができない。

4　損傷がBの故意に基づき、しかもその損傷の程度がはなはだしく、AB間の賃貸借契約の前提となる信頼関係を破壊する程度である場合でも、Aは、催告をした後でなければ、当該賃貸借契約を解除することができない。

解答・解説

1 **誤り。**建物の損傷が転借人Cの責任に基づく場合、Cは建物所有者Aに
対し損害賠償責任を負う（民法709条）。もっとも、この損害賠償請求
権と、他人であるBがAに対して有する敷金返還請求権との相殺をする
ことはできない。

2 **正しい。**BがAに対して負担する不法行為に基づく損害賠償債務は、不
法行為の時から遅滞に陥る（判例）。したがって、Aの催告がなくて
も、Bは不法行為の時から遅延損害金を支払わなければならない。

3 **誤り。**賃貸人Aの承諾のある転貸の場合であっても、賃借人Bは、転借
人Dに過失があるときは、自分の過失と同様の責任を負う（判例）。し
たがって、Bに過失がなくても、Aは、Bとの賃貸借契約を債務不履行
を理由に解除することができる（民法541条、542条）。

4 **誤り。**賃借人Bの債務不履行の程度が著しく、賃貸借関係の基礎となる
信頼関係の破壊とみることができる場合には、Aは、催告をしないで、
AB間の賃貸借契約を解除することができる（民法542条1項5号）。

問題 **重要度 C** **難易度 ★★★**

Check! ✓

30 使用貸借

AがBとA所有の建物を一定の目的のために期限の定めなく無償で貸す契約を締結し、Bに引き渡した場合に関する次の記述のうち、民法の規定によれば、正しいものはどれか。

1　Aが死亡した場合、当該契約は当然に終了する。

2　Aが当該建物をCに売却し、その旨の所有権移転登記を行った場合、Aによる売却の前にBが当該建物の引渡しを受けていたときは、Bは、借主の地位をCに対抗することができる。

3　地震で当該建物の屋根の一部が損傷した場合、Bは、自己の費用でその修補をしなければならない。

4　Bが使用目的を達していなくても、使用収益をするのに足りる期間を経過したときは、Aは、Bに当該建物の返還を請求することができる。

解答・解説

1 **誤り。** 使用貸借契約は、借主の死亡によって当然に終了するが（民法597条3項）、貸主の死亡によっては当然には終了しない。

2 **誤り。** 使用貸借は、賃貸借と異なり、対抗要件を備えることによって第三者に対抗することが認められていない（民法605条、借地借家法31条参照）。したがって、建物の引渡しを受けていても、Bは、Cに借主の地位を対抗することができない。

3 **誤り。** 借主Bは建物の通常の必要費を負担する（民法595条1項）。地震で損傷した屋根の修補の費用は、通常の必要費とはいえないので、貸主Aが負担することになる（民法595条2項、583条2項、196条）。したがって、Bが自己の費用でその修補をする必要はない。

4 **正しい。** 期間の定めのない使用貸借では、借主が契約の目的に定めた使用収益を終わらなくても、使用収益をするのに足りる期間が経過すれば、貸主は、直ちに返還を請求することができる（民法597条2項）。

必勝合格 Check!

使用貸借の終了

● 使用貸借は、借主の死亡により終了する。
● 返還時期を定めなかったとき
　　　　　　　↓
　借主は、契約目的に従い使用・収益終了時に、返還
● 使用・収益終了前でも、使用・収益をするのに十分な期間を経過したときは、貸主は、直ちに返還請求できる。

使用貸借と賃貸借の比較

	必要費	借主の死亡	対抗力
使用貸借	通常の必要費は借主の負担	契約終了	なし
賃貸借	貸主の負担	終了しない	登記等

問題 31 借地借家法（借地関係）

Aは建物所有の目的でBから1筆の土地を賃借し（借地権の登記はしていない。）、その土地の上にA単独所有の建物を建築していたが、Bはその土地をCに売却し、所有権移転登記をした。この場合、借地借家法の規定及び判例によれば、次の記述のうち、誤っているものはどれか。

1　Aは、建物について自己名義の所有権保存登記をしていれば、そこに住んでいなくても、Cに対して借地権を対抗することができる。

2　本件建物が火事により滅失した場合、建物を新たに築造する旨を本件土地の上の見やすい場所に掲示していれば、Aは、本件建物について登記していなかったときでも、滅失のあった日から2年間は借地権をCに対抗することができる。

3　Aの建物の登記上の地番が、その土地の地番の表示と多少相違していても、建物の同一性が種類、構造、床面積等によって認識できる程度の軽微な相違であれば、Aは、Cに対して借地権を対抗することができる。

4　Aが、その土地の上に甲及び乙の2棟の建物を所有する場合、甲建物にのみA名義の所有権保存登記があれば、乙建物が未登記であっても、Aは、Cに対して借地権を対抗することができる。

解答・解説

1 **正しい。**借地権者が建物について自己名義の所有権保存登記をしていれば、そこに住んでいなくても、借地権を第三者に対抗することができる（借地借家法10条）。

2 **誤り。**建物が滅失した場合の掲示による対抗力の保持が認められるのは、滅失前に建物が登記されていた場合である（借地借家法10条1項・2項）。

3 **正しい。**借地上の建物の登記の地番が実際と多少異なっていても、本肢のように同一性が認識できるような場合には、借地権を第三者に対抗することができる（判例）。

4 **正しい。**登記した建物1棟が存在すれば、その土地の上に他の登記していない建物があっても、土地全体についての借地権を第三者に対抗することができる（判例）。

必勝合格Check!

借地権の対抗力

- ●借地権に対抗力を与える建物登記は、借地権者名義であることが必要だが、権利に関する登記だけではなく、表示に関する登記でもよい。
  ↓
  ・1筆内に2棟ある場合、その中の1棟だけでもよい。
  ・地番の相違は軽微ならよい。

- ●建物滅失による掲示方法
  ↓
  ・滅失建物に登記があったこと
  ・見やすい場所に掲示
  ↓
  滅失のあった日から2年間

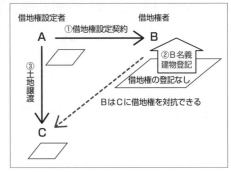

借地借家法（借地関係）

Aが平成5年8月、Bに土地を賃貸し、Bがその土地上に建物を所有している場合に関する次の記述のうち、借地借家法の規定及び判例によれば、誤っているものはどれか。なお、存続期間は30年と約定している。

1　借地借家法第24条第1項（建物譲渡特約付借地権に関する規定）による建物譲渡特約によって借地権が消滅した後、Bが建物の使用を継続している場合、Aは、Bが建物の使用を請求しても、建物の明渡しを請求することができる。

2　AB間で借地条件の変更について協議が調わない場合、裁判所は、A又はBの申立てにより借地条件を変更することができる。

3　Bは、自らの賃料不払いを理由に契約を解除された場合、Aに対して建物を時価で買い取るよう請求することはできない。

4　20年の経過後、Bが自ら建物を取り壊して、残存期間を超えて存続する建物を築造した場合、あらかじめBがAの承諾を得ていたときは、借地権は、Aが承諾した日から20年間存続する。

解答・解説

1 **誤り。** 建物譲渡特約付借地権が、その特約により消滅した場合、借地権者又は建物賃借人で建物の使用を継続するものが請求をすれば、「法定借家権」が成立する（借地借家法24条2項）。借地権設定者は、建物の明渡しを請求することはできない。

2 **正しい。** 当事者間で借地条件の変更について協議が調わないときは、裁判所は、当事者の申立てにより借地条件の変更をすることができる（借地借家法17条1項）。

3 **正しい。** 借地権者の債務不履行によって借地契約が解除された場合には、建物買取請求権は発生しない（借地借家法13条1項、判例）。

4 **正しい。** 借地権の存続期間中に建物が滅失し、借地権者が残存期間を超えて存続する建物を築造したときは、借地権設定者（地主）の承諾がある場合に限り、借地権は、承諾日又は築造日のいずれか早い日から20年間存続する（借地借家法7条1項）。つまり、借地期間が延長されることになる。この場合、「滅失」には、借地権者又は転借地権者自身による建物の取壊しも含まれる（借地借家法7条1項かっこ書）。

必勝合格Check!

建物滅失と再築

		当初の借地権存続中の建物滅失	更新後の建物滅失
借地権者の解約の申入れ等の可否		滅失による解約申入れ等はできない	借地権者は、解約申入れ等ができる。↓ 申入れ等から3か月で借地権消滅
再築	承諾を得て再築	承諾又は建物が築造された日のいずれか早い日から最短20年間存続する	
	承諾を得ずに再築	存続期間は、延長されない。↓ その後期間満了により更新しない場合には建物買取請求可	借地権設定者は、解約申入れ等ができる。↓ 申入れ等から3か月で借地権消滅
	その他	「みなし承諾」制度あり	承諾に代わる「裁判所の許可」制度あり

借地借家法（借地関係）

Aが、Bに、A所有の土地を建物の所有を目的として賃貸した場合に関する次の記述のうち、借地借家法の規定によれば、誤っているものはどれか。

1　本件契約において、建物は専ら店舗として使用し、存続期間を25年とする借地借家法23条の借地権（事業用定期借地権）である旨を公正証書により定めた場合、Bは、存続期間が満了したとき、Aに対し当該建物の買い取りを請求することができない。

2　Aは、土地賃借権の登記をしていない場合、弁済期の到来した最後の2年分の地代等について、Bが土地上に所有する建物に対して先取特権を行使することができない。

3　Bが借地上の建物をCに賃貸している場合、Bは、あらかじめCの同意を得ておかなければ、当該建物と借地権を第三者に譲渡することができない。

4　当初の存続期間の満了前に建物が滅失した場合に、残存期間を超えて存続する建物の築造についてAが承諾しないときでも、Bは、Aの承諾に代わる裁判所の許可を求めることはできない。

解答・解説

1 **正しい。**借地権の存続期間が満了し、更新がされない場合、借地権者は、借地権設定者に対して建物その他借地権者が権原により土地に付属させた物の買い取りを請求することができる（借地借家法13条1項）。しかし、本肢のような事業用定期借地権の場合は、この適用がない（借地借家法23条2項）。

2 **正しい。**借地権設定者は、弁済期の到来した最後の2年分の地代等について借地権者がその土地において所有する建物の上に先取特権を有する（借地借家法12条1項）。この先取特権は、地上権又は土地の賃借権の登記をすることによって、その効力を保存する（借地借家法12条2項）。つまり、地上権又は土地の賃借権の登記がなければ、先取特権を行使することができない。

3 **誤り。**借地上の建物と借地権を第三者に譲渡する場合に、同意を要するのは借地権設定者Aであり、建物の賃借人Cの同意は不要である。

4 **正しい。**建物の再築について裁判所が許可を与えることができるのは、契約の更新後に建物が滅失した場合である（借地借家法18条1項）。当初の存続期間中に建物が滅失した場合の再築については、そもそも借地権設定者の承諾が要らず、借地権設定者は土地賃貸借契約の解約の申入れ等をすることができないので、裁判所の許可についての規定は設けられていない。

必勝合格 Check!

定期借地権等の比較

	定期借地権	事業用定期借地権	建物譲渡特約付き借地権	普通借地権	民法上の賃貸借
存続期間	50年以上	10年以上50年未満	30年以上	30年以上	50年以下
契約の目的	居住用○事業用○	居住用×事業用○	居住用○事業用○	居住用○事業用○	制限なし
更新	なし	なし	なし	あり	なし※更新推定有
建物買取請求	なし	なし	建物譲渡特約あり	あり	なし
書面	必要（電磁的記録可）	公正証書（電磁的記録不可）	不要	不要	不要

重要度 A　　難易度 ★★★

問題 34　借地借家法（借家関係）

AはBと、B所有の甲建物（床面積100㎡）につき、居住を目的として、期間2年、賃料月額10万円と定めて借地借家法第38条の定期建物賃貸借契約（以下この問において「本件契約」という。）を締結した場合に関する次の記述のうち、借地借家法の規定及び判例によれば、誤っているものはどれか。

1　本件契約において、中途解約できる旨の留保がなくても、Aは、転勤により甲建物を自己の生活の本拠として使用することが困難であれば、期間の途中で解約を申し入れることができる。

2　本件契約に賃料の減額請求をしない旨の特約がある場合であっても、経済事情の変動によってAのBに対する賃料が不相当となれば、AはBに対して借地借家法第32条第1項に基づく賃料の減額請求をすることができる。

3　Bは、あらかじめ、Aに対し、契約の更新がなく、期間の満了により本件契約が終了することについて、契約書とは別に、その旨を記載した書面を交付して（又は当該書面の交付に代えて、賃借人の承諾を得て、当該書面に記載すべき事項を電磁的方法により提供して）説明しなければならない。

4　Bは、期間の満了の1年前から6か月前までの間に、Aに対し期間の満了により建物の賃貸借が終了する旨の通知をしなければ、期間2年での終了をAに対抗できない。

解答・解説

1 　**正しい。**定期建物賃貸借では、「居住の用」に供する建物の賃貸借において、賃借人は、一定の要件を満たせば、解約できる旨の特約を定めていなくても解約の申入れができる（借地借家法38条7項）。その要件とは、①床面積が200㎡未満であること、②転勤、療養、親族の介護その他のやむを得ない事情により、建物の賃借人が建物を自己の生活の本拠として使用することが困難となったときである。

2 　**誤り。**借賃増減額請求権の規定は、定期建物賃貸借において、借賃の改定に係る特約がある場合には、適用しない（借地借家法38条9項）。この借賃の改定に係る特約とは、賃料増額請求をしない特約や賃料減額請求をしない特約をいい、定期建物賃貸借では、期間中の賃料の変動要因を推測しやすく、賃料の変動を契約条項で約定しておくことが有用であり、特に賃借人の利益を不当に害することもないからである。したがって、賃料の改定について特約のある本肢では、AはBに対して賃料減額請求をすることができない。

3 　**正しい。**定期建物賃貸借は、建物の賃貸人が、あらかじめ、建物の賃借人に対し、契約の更新がなく、期間の満了により当該建物の賃貸借は終了することについて、その旨を記載した書面を交付して（又は当該書面の交付に代えて、賃借人の承諾を得て、当該書面に記載すべき事項を電磁的方法により提供して）説明しなければならない（借地借家法38条3・4項）。この書面等は、契約書とは別個独立のものであることを要する（判例）。

4 　**正しい。**期間が1年以上である定期建物賃貸借においては、建物の賃貸人は、期間の満了の1年前から6か月前までの間に、建物の賃借人に対し期間の満了により建物の賃貸借が終了する旨の通知をしなければ、その終了を建物の賃借人に対抗できない（借地借家法38条6項）。

重要度 A　　難易度 ★★★　　Check! ✓

35 借地借家法（借家関係）

賃貸人Ａと賃借人Ｂとの間の建物の賃貸借契約に関する次の記述のうち、民法及び借地借家法の規定によれば、誤っているものはどれか。なお、定期建物賃貸借については考慮しないものとする。

1　ＡＢ間で一定期間家賃を増額しない旨の特約がある場合でも、その期間内に、建物の価格の上昇その他の経済事情の変動により家賃が不相当に低額になったときは、ＡはＢに対し、家賃の増額を請求することができる。

2　建物の一部が滅失し、使用及び収益をすることができなくなった場合において、残存する部分のみでは賃借をした目的を達することができないときは、ＢはＡとの契約を解除することができる。

3　ＡＢ間で賃貸借の存続期間を10か月としたときは、期間の定めのない建物の賃貸借とみなされ、Ａは正当の事由がある限り、いつでも解約の申入れをすることができる。

4　ＡＢ間で「Ａは、Ｂが建物に造作を付加することに同意するが、Ｂは賃貸借の終了時にＡに対してその造作の買取りを請求しない」旨の特約をすることができる。

71

解答・解説

1 **誤り**。家賃が不相当に低額となった場合、賃貸人は、賃借人に対し、家賃の増額を請求することが認められるが、一定期間家賃を増額しない旨の特約があるときは、その定めに従い、家賃の増額の請求をすることはできない（借地借家法32条1項）。

2 **正しい**。建物の一部が滅失し、使用及び収益をすることができなくなった場合において、残存する部分のみでは賃借をした目的を達することができないときは、賃借人は、契約を解除することができる（民法611条2項）。

3 **正しい**。期間を1年未満とする建物の賃貸借は、期間の定めがない建物の賃貸借とみなされる（借地借家法29条）。この場合においても、賃貸人からの解約の申入れには、正当の事由が必要である（借地借家法28条）。

4 **正しい**。造作買取請求の規定（借地借家法33条）は任意規定である。したがって、造作買取請求を認めない特約は有効である（借地借家法33条、37条）。

借地借家法（借家関係）

賃貸人Ａと賃借人Ｂとの間の居住用建物の賃貸借契約に関する次の記述のうち、民法及び借地借家法によれば、誤っているものはどれか。

1　この賃貸借契約が登記されていない場合でも、Ｂの入居後、当該建物に抵当権が設定され、これが実行されたとき、Ｂは、建物の買受人に対して賃借人の地位を主張することができる。

2　ＢがＡの承諾なしにＣと転貸借契約を締結した場合でも、いまだ当該建物をＣに引き渡さないうちは、Ａは、Ｂとの契約を解除することができない。

3　借地上にこの建物が存する場合、借地権が更新されずに消滅しても、Ｂがその期間の満了を１年前までに知らなかったときは、裁判所は、Ｂの請求によりＢがこれを知った日から１年を超えない範囲内において土地の明渡しにつき相当の期限を許与することができる。

4　Ｂが死亡し、その当時Ｂの相続人でない事実上の配偶者Ｄが当該建物で同居していた場合、ＤがＢの賃借人としての地位を承継し、Ｂの相続人は、当該建物の賃借権を相続することができない。

解答・解説

1 **正しい。**借家権の対抗要件は、その登記のほか、建物の引渡しも認められる。すなわち、建物の賃貸借は、その登記がなされていなくても、建物の引渡しがあったときは、その後権利を取得した者に対しても効力を生じる（借地借家法31条）。この権利取得者には、抵当権実行による買受人も含まれる（民法177条）。

2 **正しい。**賃借人が賃貸人の承諾なしに転貸借契約をしても、いまだ目的物を第三者に引き渡さないうちは、賃貸人は、賃貸借契約を解除することができない（民法612条2項）。

3 **正しい。**借地上の建物の賃貸借では、借地権が期間満了により消滅すると、借家人が土地と建物を明け渡す必要が生じることになるが、このとき借家人がその期間満了を1年前までに知らなかったときは、裁判所は、借家人の請求により明渡し期限（1年を超えない範囲で）を許与することができる（借地借家法35条1項）。

4 **誤り。**借家人に相続人がいる場合、その借家権は相続人が相続し、相続人でない事実上の配偶者Dによる借家権の承継は認められない（借地借家法36条）。

必勝合格 **Check!**

居住用建物賃貸借の承継

●居住用建物の賃借人が相続人なしに死亡
 ↓
●同居していた内縁の妻等が賃借人の地位を承継
 ↓
●同居人が承継を望まない場合は、死亡を知った後1か月以内に反対の意思表示をすれば、借家権の承継を放棄できる。

●特約による排除可能。

造作買取請求権

●賃貸人の同意を得て建物に付加した造作等は、期間の満了等により建物の賃貸借が終了するとき、賃借人は、賃貸人に対し買取請求できる。

●特約による排除可能。

重要度 B　　難易度 ★★★　　Check! ✓

37 不法行為

宅地建物取引業者Aの被用者BがAの事業の執行につき、顧客Cとの間の取引において不法行為をし、顧客Cが損害を被った場合に関する次の記述のうち、民法の規定及び判例によれば、正しいものはどれか。

1　Bの不法行為について共同して不法行為をしたDがある場合、Aは、BとDの過失割合に応じて、Cに対する損害賠償責任を免れることができる。

2　Aの代理人としてBを監督していたEについて、Bの監督に過失があった場合、Cは、Aに対して不法行為による損害賠償を請求することができる。

3　Bが精神上の障害により自己の行為の責任を弁識する能力を欠く状態にある間にCに損害を加えた場合、Bは、いかなるときでも、不法行為による損害賠償責任を免れることができる。

4　AがCに対してBの不法行為による損害の全部を賠償した場合、Aは、常にその全額についてBに対し求償権を行使することができる。

解答・解説

1 **誤り**。共同不法行為の場合、それぞれの不法行為者の責任は連帯責任であり、各自が損害全部について賠償義務を負担する。結果発生に対する寄与の割合をもって損害額を案分し、各不法行為者の責任を限定することは許されない（民法719条1項、判例）。

2 **正しい**。代理監督者の選任・監督の過失は、これを任せていた使用者の過失と同視され、使用者責任を追及されることになる。なお、この場合、代理監督者も責任を免れない（民法715条2項）。

3 **誤り**。精神上の障害により自己の行為の責任を弁識する能力を欠く状態にある間に他人に損害を加えた者は、その賠償の責任を負わない。ただし、故意又は過失によって一時的にその状態を招いたときは、この限りではない（民法713条）。

4 **誤り**。使用者や代理監督者が被害者に損害の賠償をしたときは、損害の公平な分担という見地から、被用者に対して求償権を行使することができる（民法715条3項）。この場合、信義則上、相当と認められる限度において、求償が可能となる（判例）。

必勝合格 Check!

使用者責任

● 被用者の行為が職務行為に該当するか否かについては、外形から判断する(相手方が悪意又は重過失である場合を除く)。

● 被用者に対する損害賠償請求権が消滅時効にかかったときでも、そのことにより使用者に対する損害賠償請求権が時効消滅することはない。

● 使用者の被用者に対する求償権は、信義則上相当と認められる限度に限られる。

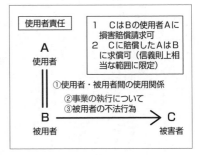

使用者責任

1 CはBの使用者Aに損害賠償請求可
2 Cに賠償したAはBに求償可（信義則上相当な範囲に限定）

A 使用者
① 使用者・被用者間の使用関係
② 事業の執行について
③ 被用者の不法行為
B 被用者 → C 被害者

問題 38 重要度 B　難易度 ★★☆　Check! ✓

不法行為

Aは、所有する甲家屋を囲う塀の設置工事を業者Bに請け負わせたが、Bの工事によりこの塀は欠陥がある状態となった。その後この欠陥により塀が崩れ、脇に駐車中のC所有の車を破損させた場合（以下この問において「本件事故」という。）に関する次の記述のうち、民法の規定によれば、正しいものはどれか。なお、A及びBは、この欠陥があることを過失なく知らなかったものとする。

1　Cが、本件事故による損害賠償請求権を、損害及び加害者を知った時から3年間行使しなかったときは、この請求権は時効によって消滅する。
2　Bは、欠陥を作り出したことに故意又は過失がなくても、Cに対する不法行為責任を免れることはない。
3　Aが甲家屋に居住しているときに本件事故が発生した場合、Aは損害の発生を防止するのに必要な注意をしていれば、Cに対して不法行為責任を負わない。
4　Aが甲家屋をDに賃貸し、Dが占有使用しているときに本件事故が発生した場合、DはCに対して不法行為責任を負うことはない。

解答・解説

1 **正しい。**不法行為による損害賠償請求権は、人の生命又は身体を害する不法行為の場合を除き、被害者等が損害及び加害者を知った時から3年間行使しないときは、時効によって消滅する（民法724条1号）。

2 **誤り。**不法行為責任は、行為者に故意又は過失がある場合に成立する（民法709条）。したがって、Bに故意・過失がなければ、Bは不法行為責任を免れる。

3 **誤り。**被害者保護の見地から、土地工作物の所有者の責任は無過失責任である（民法717条1項ただし書）。したがって、所有者Aは、損害の発生を防止するのに必要な注意をしていても不法行為責任を負う。

4 **誤り。**土地工作物の占有者は、損害の発生を防止するのに必要な注意をしたときを除き、不法行為責任を負う（民法717条1項）。したがって占有者Dは、損害の発生を防止するのに必要な注意をしていなかったときは不法行為責任を負う。

問題 39 親族

重要度 C　難易度 ★★★　Check! ✓

親族に関する次の記述のうち、民法の規定及び判例によれば、正しいものはどれか。

1 詐欺又は強迫によって婚姻した者が、その婚姻の取消しをするには、常に家庭裁判所にその旨の請求をしなければならない。

2 詐欺又は強迫によって婚姻した者が、その婚姻を取り消した場合には、その婚姻は初めから無効であったものとみなされる。

3 夫婦間でした契約は、その契約の履行前に限り、夫婦の一方からこれを取り消すことができる。

4 事実上の夫婦の一方が他方の意思に基づかないで婚姻届を提出した場合には、他方の配偶者が届出の事実を知ってこれを追認しても、当該婚姻が届出の当初より有効になることはない。

解答・解説

1 **正しい**。一般に、詐欺又は強迫による意思表示は、取り消すことができ（民法96条1項）、その取消しは相手方に対する意思表示によってするが（民法123条）、詐欺又は強迫によって婚姻をした者は、その婚姻の取消しは、一般の取消しと異なり、裁判所に請求してはじめてこれをなすことができる（民法747条1項）。身分関係の変動を慎重かつ明確ならしめようとする趣旨である。

2 **誤り**。一般に、取り消された行為は、初めから無効であったものとみなされるが（民法121条）、婚姻の取消しは、将来に向かってのみその効力を生ずる（民法748条1項）。つまり、婚姻取消しの効力はさかのぼらない。婚姻をしたという事実を尊重するためである。

3 **誤り**。夫婦間で契約をしたときは、その契約は、婚姻中、いつでも、夫婦の一方からこれを取り消すことができる（民法754条本文）。契約の履行前に限られるわけではない。

4 **誤り**。事実上の夫婦の一方が他方の意思に基づかないで婚姻届を提出した場合において、婚姻届を作成提出した当時に夫婦としての実質的生活関係が存在しており、後に他方の配偶者が届出の事実を知ってこれを追認したときは、婚姻は追認により届出の当初にさかのぼって有効となる（判例）。

問題 重要度 A 難易度 ★★★ Check! ✓

40 相続

被相続人Aの相続人に関する次の記述のうち、民法の規定によれば、正しい
ものはどれか。なお、Aは居住用建物を所有していたものとする。

1 Aに配偶者B、Bとの婚姻前に縁組した養子C、Bとの間の実子D（A
の死亡より前に死亡）、Dの実子E及びFがいる場合、BとCとEとF
が相続人となり、EとFの法定相続分は、いずれも8分の1となる。

2 Aに配偶者B、母G、弟Hがいる場合、Hは相続人とならず、BとGが
相続人となり、Gの法定相続分は4分の1となる。

3 Aに法律上の相続人がなく、10年以上Aと同居して生計を同じくし、
Aの療養看護に努めた内縁の妻Iがいる場合、Iは、承継の意思表示を
すれば当該建物を取得する。

4 Aにその死亡前1年以内に離婚した元配偶者JとJとの間の実子Kがい
る場合、JとKが相続人となる。

解答・解説

1　**正しい**。相続人は、配偶者B、養子Cと実子Dの代襲相続人E・Fであり、法定相続分は、配偶者Bが2分の1、養子Cが4分の1、E・Fは実子Dの法定相続分の半分ずつの、それぞれ8分の1となる（民法809条、887条1・2項、890条、900条、901条1項）。

2　**誤り**。相続人は、配偶者Bと母Gであり、弟Hは相続人とならない。この場合、Bの法定相続分は3分の2、Gの法定相続分は3分の1となる（民法900条2号）。

3　**誤り**。Iは、特別縁故者に該当する。本肢の場合、特別縁故者Iの請求により、家庭裁判所は相続財産の全部又は一部の分与をすることができるのであり、特別縁故者が承継の意思表示によって財産を取得するものではない（民法958条の2）。

4　**誤り**。Jは、Aの死亡前に離婚しているので、Aの相続人とはならない。この場合の相続人は、実子Kのみである。

必勝合格Check!

法定相続分

組み合せ	配偶者	血族相続人
配偶者＋子（代襲含む）	1/2	1/2
配偶者＋直系尊属（親等近い者）	2/3	1/3
配偶者＋兄弟姉妹（代襲含む）	3/4	1/4

問題 重要度 **A**　　難易度 ★★☆　　Check! ✓

41 相続

遺言に関する次の記述のうち、民法の規定によれば、正しいものはどれか。

1　遺言者は、遺言で、一人又は数人の遺言執行者を指定することはできるが、その指定を第三者に委託することまではできない。

2　自筆証書にこれと一体のものとして相続財産の全部又は一部の目録を添付する場合には、その目録については、自書することを要しない。

3　遺贈が、その効力を生じないときは、遺言者がその遺言に別段の意思を表示したときを除き、受遺者が受けるべきであったものは、相続人には帰属しない。

4　成年被後見人が事理を弁識する能力を一時回復した時における遺言は、自由にすることができる。

解答・解説

1 **誤り**。遺言者は、遺言で、一人又は数人の遺言執行者を指定し、又はその指定を第三者に委託することができる（民法1006条1項）。なお、遺言執行者の指定の委託を受けた者は、遅滞なく、その指定をして、これを相続人に通知しなければならない（民法1006条2項）。

2 **正しい**。自筆証書によって遺言をするには、遺言者が、その全文、日付及び氏名を自書し、これに印を押さなければならないのが原則である（民法968条1項）。もっとも、自筆証書にこれと一体のものとして相続財産の全部又は一部の目録を添付する場合には、その目録については、自書することを要しない。なお、この場合において、遺言者は、その目録の毎葉（自書によらない記載がその両面にある場合にあっては、その両面）に署名し、印を押さなければならない（民法968条2項）。

3 **誤り**。遺贈が、その効力を生じないとき、又は放棄によってその効力を失ったときは、受遺者が受けるべきであったものは、相続人に帰属する。ただし、遺言者がその遺言に別段の意思を表示したときは、その意思に従う（民法995条）。

4 **誤り**。成年被後見人が事理を弁識する能力を一時回復した時において遺言をするには、医師2人以上の立会いがなければならない（民法973条1項）。

42 不動産登記法

不動産登記の申請に関する次の記述のうち、誤っているものはどれか。

1　登記権利者は、登記手続をすべきことを命ずる確定判決によって単独で権利に関する登記を申請することができる。
2　登記の申請人は、あらかじめ当該登記に係る登記識別情報の通知を希望しない旨の申出をすることができる。
3　権利に関する登記の申請をする場合は、郵送によることができる。
4　登記権利者と登記義務者が共同で権利に関する登記の申請をする場合、登記義務者の登記識別情報を提供することができないときは、登記を受けたことのある成年者2名以上による保証書を添付して、登記申請をしなければならない。

解答・解説

1 **正しい。** 登記権利者は、登記義務者に対して登記手続をすべきことを命ずる確定判決によって、単独で権利に関する登記を申請することができる（不動産登記法63条1項）。

2 **正しい。** 登記の申請人は、あらかじめ当該登記に係る登記識別情報の通知を希望しない旨の申出をすることができる（不動産登記法21条ただし書）。

3 **正しい。** 表示に関する登記であるか、権利に関する登記であるかに関係なく、登記の申請方法には、電子情報処理組織を使用する方法（オンライン申請）と申請情報を記載した書面を提出する方法があり、書面を提出する方法には郵送する方法もある（不動産登記法18条、不動産登記規則53条）。

4 **誤り。** 登記官は、登記権利者及び登記義務者が共同して権利に関する登記の申請をする場合において、登記義務者が登記識別情報の提供をすることができないときは、登記義務者に対し、申請があった旨及び申請の内容が真実であると思料するときは、一定期間内にその旨の申出をすべき旨の通知をしなければならない（事前通知制度、不動産登記法22条、23条）。本来、登記官は、登記識別情報の提供を受けることによって、本人確認をするが、事前通知制度は、当該登記識別情報の提供がない場合の本人確認の方法である。

必勝合格Check!

共同申請の原則

●共同申請の原則
　原則：登記権利者と登記義務者が共同申請

●単独申請(例外)

・登記手続をすべきことを命ずる確定判決による登記
・相続・法人の合併による権利移転の登記
・遺贈（相続人に対する遺贈に限る。）による所有権移転の登記
・登記名義人の氏名・住所等の変更・更正登記
・仮登記（仮登記義務者の承諾・仮登記を命ずる処分がある場合）
・所有権保存登記
・不動産の収用による所有権移転の登記　　　　　　　　　　　　等

問題 43　重要度 B　難易度 ★★☆　　Check! ✓

不動産登記法

不動産登記に関する次の記述のうち、誤っているものはどれか。

1　表題部所有者の住所についての変更の登記は、表題部所有者以外の者は、申請することができない。

2　抵当権設定登記のある土地の分筆の登記を申請する場合、原則として抵当権者の承諾を得なければならない。

3　所有権の登記の抹消は、所有権の移転の登記がない場合に限り、所有権の登記名義人が単独で申請することができる。

4　所有権の登記がある二筆の土地の合筆登記を申請する場合には、いずれかの一筆の土地について、所有権の登記名義人の登記識別情報を登記所に提供しなければならない。

解答・解説

1　**正しい**。表題部所有者の氏名もしくは名称又は住所についての変更の登記又は更正の登記は、表題部所有者以外の者は申請することができない（不動産登記法31条）。

2　**誤り**。抵当権設定登記のある土地の分筆の登記を申請する場合、原則として抵当権者の承諾は必要ない。この場合、登記官は、共同担保目録を作成しなければならない（不動産登記規則102条）。

3　**正しい**。所有権の登記の抹消は、所有権の移転の登記がない場合に限り、所有権の登記名義人が単独で申請することができる（不動産登記法77条）。

4　**正しい**。所有権の登記がある二筆の土地の合筆登記を申請する場合には、いずれか一筆の土地について所有権の登記名義人の登記識別情報を提供しなければならない（不動産登記令8条2項1号）。

必勝合格 **Check!**

所有権に関する登記

- 所有権保存登記は、原則として、登記原因証明情報の提供は不要。
- 所有権移転登記の抹消
  　権利に関する登記の抹消
  　　↓
  　登記上の利害関係を有する第三者がある場合
  　　↓
  　第三者の承諾必要

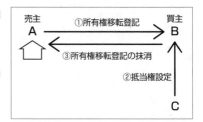

44 不動産登記法

1棟の建物を区分した建物（以下この問において「区分建物」という。）についての登記に関する次の記述のうち、誤っているものはどれか。

1　区分建物にあっては、表題部に記録された所有者から所有権を取得したことを証明できる者は、直接自己名義に当該区分建物の所有権保存の登記を申請することができる。

2　区分建物の表題登記の申請は、当該新築された一棟の建物に属する他の区分建物についての表題登記の申請と併せてしなければならない。

3　区分建物について敷地権の表示が登記されたときは、敷地権である旨を敷地権の目的である土地の登記記録の表題部に記録しなければならない。

4　敷地権付区分建物についての所有権に関する登記は、一定の場合を除き、敷地権について同一の登記原因による相当の登記たる効力を有する。

解答・解説

1　**正しい**。所有権の保存の登記は表題部所有者等以外の者は申請することができないが（不動産登記法74条1項）、区分建物にあっては、例外として、表題部所有者から所有権を取得した者も所有権の保存の登記を申請することができる（不動産登記法74条2項前段）。

2　**正しい**。区分建物が属する一棟の建物が新築された場合の当該区分建物についての表題登記の申請は、当該新築された一棟の建物に属する他の区分建物についての表題登記の申請と併せてしなければならない（不動産登記法48条1項）。

3　**誤り**。登記官は、敷地権である旨の登記をするときは敷地権である旨を敷地権の目的である土地の登記記録の権利部の相当区に記録しなければならない（不動産登記規則119条1項1号）。

4　**正しい**。敷地権付区分建物についての所有権又は担保権に係る権利に関する登記は、一定の例外の場合を除き、敷地権である旨の登記をした土地の敷地権についてされた登記としての効力を有する（不動産登記法73条1項）。

問題 45 重要度 A   難易度 ★★★

区分所有法

建物の区分所有等に関する法律（以下この問において「区分所有法」という。）に関する次の記述のうち、正しいものはどれか。

1 区分所有法第62条の建替えは、集会において区分所有者及び議決権の各4/5以上の多数による決議で行うことができるが、規約でこの定数を加重することはできないが、緩和することはできる。

2 建物の価格の1/2以下に相当する部分が滅失した場合、集会において区分所有者及び議決権の各過半数による決議により、滅失した共用部分を復旧することができるが、規約で別段の定めをすることはできない。

3 建物の価格の1/2を超える部分が滅失した場合、集会において区分所有者及び議決権の各3/4以上の多数による決議により、滅失した共用部分を復旧することができるが、区分所有者の定数を規約でその過半数まで減ずることができる。

4 区分所有者が区分所有法第6条第1項に規定する共同の利益に反する行為をした場合、管理組合法人が、当該区分所有者の区分所有権の競売を請求する訴訟を提起するには、区分所有者及び議決権の各3/4以上の多数による集会の決議によらなければならない。

解答・解説

1 **誤り**。建替え決議における区分所有者及び議決権の定数（各4/5以上）を、規約で、緩和することも加重することも許されない（区分所有法62条）。

2 **誤り**。いわゆる小規模滅失の場合は、法定の手続とは異なった手続を規約で定めることができる（区分所有法61条4項）。

3 **誤り**。いわゆる大規模滅失の場合、法定の議決要件（区分所有者及び議決権の各3/4以上の多数）を規約で緩和できる旨の規定はない（区分所有法61条4項・5項）。

4 **正しい**。共同の利益に反する行為をした区分所有者の区分所有権及び敷地利用権の競売の請求は、区分所有者及び議決権の各3/4以上の多数による集会決議によらなければならない（区分所有法59条1項・2項、58条2項）。

必勝合格Check!

区分所有法における決議要件等のまとめ

	必要数	決議事項等（主要なもの）	規約による軽減
1	単独	①共用部分の保存行為 ②小規模滅失の単独復旧 ③裁判所への管理者の解任請求	
2	1/5以上	集会招集の請求	○
3	普通決議 （各過半数）	①共用部分の管理・軽微な変更 ②管理者の選任・解任 ③小規模（建物価格1/2以下）滅失の復旧　など	
4	特別決議 （各3/4以上）	①共用部分の重大な変更	△
		②管理組合法人の設立・解散 ③規約の設定・変更・廃止 ④義務違反者に対する措置（行為停止等請求を除く） ⑤大規模（建物価格1/2超）滅失の復旧	×
5	特別決議 （各4/5以上）	建替え	
6	全員	書面又は電磁的方法による決議 集会招集手続の省略	

△ 区分所有者の定数のみ、規約によって過半数まで軽減することができる。

問題 46 区分所有法

建物の区分所有等に関する法律に関する次の記述のうち、誤っているものはどれか。

1 区分所有者の5分の1以上で議決権の5分の1以上を有する者は、管理者に対し会議の目的たる事項を示して集会の招集を請求することができるが、この定数は規約によって増減することができる。

2 管理者は、規約の定め又は集会の決議があれば、その職務に関し区分所有者のために、原告又は被告となることができる。

3 敷地利用権が数人で有する所有権の場合、区分所有者は、規約に別段の定めがあるときは、その有する専有部分とその専有部分に係わる敷地利用権とを分離して処分することができる。

4 管理者は、少なくとも毎年1回集会を招集しなければならないが、集会は区分所有者全員の同意があるときは、招集の手続を経ないで開くことができる。

解答・解説

1 **誤り。** 区分所有者の5分の1以上で議決権の5分の1以上を有する者は、管理者に対して会議の目的たる事項を示して集会の招集を請求することができる。その定数は、規約で減ずることはできるが、増やすことはできない（建物の区分所有等に関する法律34条3項）。

2 **正しい。** 管理者は、規約の定め又は集会の決議があれば、その職務に関し区分所有者のために、原告又は被告となることができる（建物の区分所有等に関する法律26条4項）。

3 **正しい。** 区分所有者は、規約に別段の定めがあれば、その専有部分と敷地利用権とを分離して処分することができる（建物の区分所有等に関する法律22条1項）。

4 **正しい。** 管理者は、少なくとも毎年1回集会を召集しなければならないが、集会は、区分所有者全員の同意があるときは、招集の手続きを経ないで開くことができる（建物の区分所有等に関する法律34条2項、36条）。

必勝合格Check!

敷地利用権

●規約で別段の定めをすることにより、専有部分と敷地利用権を分離して処分することができる。

分離処分の禁止の例外	
専有部分と共用部分の持分の分離処分の禁止	規約による別段の定め**不可**（区分所有法による別段の定めがある場合に限り可）
専有部分と敷地利用権の分離処分の禁止	規約による別段の定め**可**

問題 47 区分所有法

重要度 B　　**難易度 ★★☆**　　

建物の区分所有等に関する法律に関する次の記述のうち、正しいものはどれか。

1　建物の専有部分が数人の共有に属するときは、共有者は、その持分に応じて議決権を行使することができる。

2　最初に建物の専有部分の全部を所有する者は、公正証書等の書面により、建物の共用部分を定める規約を設定することができる。

3　共用部分の変更（その形状又は効用の著しい変更を伴わないものを除く。）は、集会の決議の方法で決することが必要であり、規約によってもそれ以外の方法による旨を定めることはできない。

4　管理組合法人と理事との利益が相反する事項については、仮理事が管理組合法人を代表する。

解答・解説

1 **誤り**。建物の専有部分が数人の共有に属するときは、共有者は、議決権を行使すべき者1人を定めなければならない（建物の区分所有等に関する法律40条）。

2 **誤り**。最初に建物の専有部分の全部を所有する者は、公正証書により、建物の共用部分を定める規約を設定することができる（建物の区分所有等に関する法律32条、4条2項）。公正証書以外の書面では設定することはできない。

3 **正しい**。共用部分の変更（その形状又は効用の著しい変更を伴わないものを除く。）は、必ず集会の決議によることを要し、規約で別段の定めをすることはできない（建物の区分所有等に関する法律17条）。

4 **誤り**。管理組合法人と理事との利益が相反する事項については、「監事」が管理組合法人を代表する（建物の区分所有等に関する法律51条）。

必勝合格Check!

公正証書による規約

●最初に建物の専有部分の全部を所有する者
↓
公正証書により
↓
1．規約共用部分
2．規約敷地
3．専有部分と敷地利用権との分離処分を定める規約
4．敷地利用権の割合を定める規約を設定することができる。

規約の保管等

	管理者あり	管理者
保管	管理者なし	建物を使用している区分所有者又はその代理人で規約又は集会の決議で定めるもの
保管場所		建物内の見やすい場所に掲示

宅建業法

問題 48　重要度 A　　難易度 ★☆☆　　Check! ✓

宅地建物取引業の定義

宅地建物取引業法の免許（以下この問において「免許」という。）に関する次の記述のうち、宅地建物取引業法の規定によれば、正しいものはどれか。

1　Aが、所有する宅地を多数の区画に分割し、宅地建物取引業者Bに販売代理を依頼して、不特定多数の者に分譲する事業を行おうとする場合、Aは免許を受ける必要はない。

2　C社が、他人の所有する複数の建物を借り上げ、その建物を不特定多数の者に反復継続して転貸する場合、C社は免許を受ける必要はない。

3　D社が、都市計画法に規定する準工業地域内の建築資材置き場の用に供せられている土地を区画割りして、公益法人のみに対して反復継続して売却する場合、D社は免許を受ける必要はない。

4　社会福祉法人Eが、地方公共団体からその所有する一団の宅地の売却の代理を依頼され、不特定多数の者に対して反復継続して売却する場合、Eは免許を受ける必要はない。

解答・解説

1 **誤り**。所有する宅地を多数の区画に分割し、反復継続して分譲を行うことは、その販売の代理や媒介を宅地建物取引業者に依頼しているか否かにかかわらず、宅地建物取引業に該当するので、免許を受けなければならない（宅地建物取引業法2条2号）。

2 **正しい**。転貸は、自ら貸借する行為であるから、宅地建物取引業に当たらず免許は不要である（建物取引業法2条2号）。

3 **誤り**。準工業地域は用途地域であり、用途地域内の土地は現に道路等の公共施設用地でない限り、宅地である（宅地建物取引業法2条1号）。また、公益法人のみに対してしか取引を行わなくても、それだけでは相手方が特定されているものではなく、やはり不特定かつ多数の者を相手とするものであり、「業として」宅地を売却するものといえる（宅地建物取引業法2条2号）。したがって、D社は免許が必要である。

4 **誤り**。社会福祉法人は国・地方公共団体や信託会社等には該当しないので（宅地建物取引業法77条、78条1項）、宅地建物取引業を営む場合には原則どおり免許が必要である。代理を依頼され、不特定多数の者に対して反復継続して一団の宅地を売却する行為は、宅地建物取引業に該当し、Eは免許を受けなければならない（宅地建物取引業法2条2号）。依頼者が地方公共団体であるか否かは関係がない。

宅地建物取引業の定義

宅地建物取引業の免許（以下この問において「免許」という。）に関する次の記述のうち、誤っているものはいくつあるか。

ア　Aが、自己所有の宅地にアパートを建設し、その賃貸を業として行おうとする場合で、当該賃貸の契約を宅地建物取引業者の媒介により締結するときは、Aは免許を受ける必要がある。

イ　建設業法による建設業の許可を受けているBが、建築請負契約に付帯して取り決めた約束を履行するため、建築した共同住宅の売買のあっせんを不特定多数に反復継続して行う場合、Bは免許を受ける必要がある。

ウ　甲県住宅供給公社Cが、住宅を不特定多数に継続して販売する場合、Cは免許を受ける必要がある。

エ　農業協同組合Dが、所有する土地を30区画に分割し、倉庫の用に供する目的で、不特定多数に継続して販売する場合、Dは免許を受ける必要がある。

1　一つ
2　二つ
3　三つ
4　四つ

解答・解説

ア　誤り。 自ら賃貸する行為は、宅地建物取引にあたらないから（宅地建物取引業法2条2号）、Aは、免許を受ける必要はない。

イ　正しい。 Bは、建物の売買の媒介を不特定多数の者に反復継続して行う以上、免許を受ける必要がある（宅地建物取引業法2条）。

ウ　誤り。 地方住宅供給公社には宅地建物取引業法の適用はないから（宅地建物取引業法78条1項、地方住宅供給公社法施行令2条1項4号）、Cは、免許を受ける必要はない。

エ　正しい。 倉庫の用に供する目的の土地は、建物を建てる目的で取引される土地であり「宅地」にあたるから、Dが宅地を不特定多数に継続して販売する行為は、宅地建物取引業にあたり、Dは、免許が必要となる（宅地建物取引業法2条）。なお、農業協同組合は免許が不要な者にはあたらない。

　以上より、誤っているものは、ア、ウの二つであり、肢2が正解となる。

必勝合格Check!

宅地建物取引業者とは

●免許を受けて宅地建物取引業を営むものをいう。

> 例外的に免許が不要な場合
> ① 国・地方公共団体・独立行政法人都市再生機構・地方住宅供給公社等
> 　（宅建業法自体が適用されない。）
> ② 信託銀行・信託会社
> 　（届出するだけでよい。一定の免許に関する規定以外は宅建業法の適用がある。）
> ③ 廃業・免許取消処分・合併・相続があった場合の残務整理
> 　（取引を結了する目的の範囲内で業者とみなされる。）

宅地建物取引業の定義

宅地建物取引業の免許（以下この問において「免許」という。）に関する次の記述のうち、宅地建物取引業法の規定によれば、誤っているものはどれか。

1　Aがその所有地にマンション（50戸）を建築し、その半数をBに売却し、残りの半数をインターネットにより入居者を募集して賃貸する場合、Aは、免許を必要としない。

2　信託会社Cがその所有地をDに請け負わせて一団の宅地に造成して、宅地建物取引業者Eに販売代理を依頼して分譲する場合、C及びDは、免許を必要としない。

3　Fが競売により取得した複数の宅地を宅地建物取引業者Gに媒介を依頼して分譲する場合、Fは、免許を必要としない。

4　建設会社Hが一団の土地付住宅を分譲する場合、その分譲が当該会社の社員に限定して行われるものであるときは、Hは、免許を必要としない。

解答・解説

1 **正しい。**特定のBに対しマンションを売却することや、不特定多数の者に自ら貸主として賃貸することは、いずれも宅地建物取引業にはあたらず（宅地建物取引業法2条）、免許は不要である。

2 **正しい。**信託会社Cには、宅地建物取引業法の免許に関する規定の適用はない（宅地建物取引業法77条）。また、Cから宅地造成を請け負うDの行為は、宅地建物取引業にはあたらない（宅地建物取引業法2条）。したがって、C、Dともに免許は不要である。

3 **誤り。**他の宅地建物取引業者に媒介を依頼しても、自ら当事者として宅地を分譲する行為は宅地建物取引業にあたり、Fは、免許を必要とする（宅地建物取引業法2条）。

4 **正しい。**建設会社Hが一団の土地付住宅を分譲する場合であっても、その分譲がHの社員のみを対象として行われるのであれば、特定の者に対する分譲であり、宅地建物取引業にあたらない（宅地建物取引業法2条）。したがって、免許は不要である。

必勝合格 **Check!**

一括売却と一括代理

宅地建物取引業の定義

宅地建物取引業の免許（以下この問において「免許」という。）に関する次の記述のうち、宅地建物取引業法の規定によれば、正しいものはどれか。

1　組合員以外の者が、組合方式による住宅の建築という名目で、業として、組合参加者を募り、住宅取得者となるべき当該組合員による宅地の購入及び住宅の建築に関して指導、助言等を行うことについては、組合員による宅地又は建物の取得が当該宅地又は建物の売買として行われ、かつ、当該売買について当該組合員以外の者が関与する場合であっても、当該組合員以外の者は免許を受ける必要はない。

2　都市計画法に規定する工業専用地域内の土地で、建築資材置き場の用に供されているものを、自ら貸主として不特定多数の者に反復継続して転貸する場合は、免許を受ける必要はない。

3　甲県住宅供給公社Aが、住宅を不特定多数に継続して賃貸する場合、Aは免許を受ける必要はないが、住宅を不特定多数に継続して販売する場合、Aは免許を受ける必要がある。

4　現に建物の敷地に供せられている土地は宅地に該当するが、広く建物の敷地に供する目的で取引の対象とされた土地は、宅地に該当しない。

解答・解説

1 **誤り**。組合方式による住宅の建築という名目で、組合員以外の者が、業として、住宅取得者となるべき組合員を募集し、当該組合員による宅地の購入及び住宅の建築に関して指導、助言等を行うことについては、組合員による宅地又は建物の取得が当該宅地又は建物の売買として行われ、かつ、当該売買について当該組合員以外の者が関与する場合には、通常当該宅地又は建物の売買又はその媒介に該当するものと認められ、宅地建物取引業法が適用されることとなる（宅地建物取引業法の解釈・運用の考え方2条2号関係2（1））。したがって、免許を受ける必要がないとはいえない。

2 **正しい**。工業専用地域内の土地は宅地に該当する（宅地建物取引業法2条1号）。もっとも、自ら貸主として不特定多数の者に反復継続して転貸する行為は、宅地建物取引業に該当しないため、免許を受ける必要はない（同条2号）。

3 **誤り**。自ら貸主として住宅を賃貸する行為は、そもそも宅地建物取引業法に該当しない（宅地建物取引業法2条2号）。また、宅地建物取引業法の規定は、国及び地方公共団体には適用されない（宅地建物取引業法78条1項）。地方住宅供給公社は地方公共団体とみなされるため、住宅供給公社には宅地建物取引業法は適用されない（地方住宅供給公社法47条、同法施行令2条1項4号）。したがって、甲県住宅供給公社Aは、いずれの場合も免許を受ける必要はない。

4 **誤り**。宅地とは、現に建物の敷地に供せられている土地に限らず、広く建物の敷地に供する目的で取引の対象とされた土地も含む（宅地建物取引業法の解釈・運用の考え方2条1号関係）。

免許

宅地建物取引業の免許（以下この問において「免許」という。）に関する次の記述のうち、宅地建物取引業法の規定によれば、正しいものはどれか。

1　A社の取締役が刑法第198条（贈賄）の罪により罰金の刑に処せられた場合、その刑の執行が終わってから5年を経過しなければ、A社は免許を受けることができない。

2　B社の取締役が破産手続開始の決定を受けたことがある場合、復権を得てから5年を経過しなければ、B社は免許を受けることができない。

3　Cが刑法第206条（現場助勢）の罪により科料に処せられた場合、その刑の執行が終わってから5年を経過しなければ、Cは免許を受けることができない。

4　Dは、かつて免許を受けていたとき自己の名義をもって他人に宅地建物取引業を営ませ、その情状が特に重いとして免許を取り消された場合、免許取消しの日から5年を経過しなければ、Dは免許を受けることができない。

解答・解説

1 **誤り。** 贈賄の罪により罰金の刑に処せられても、免許の欠格要件に該当しない。A社は免許を受けることができる（宅地建物取引業法5条1項6・12号）。

2 **誤り。** 破産者が復権を得た場合、直ちに免許を受けることができるようになる。B社は免許を受けることができる（宅地建物取引業法5条1項1・12号）。

3 **誤り。** 刑法206条（現場助勢）の罪により罰金以上の刑に処せられた者は、免許の欠格要件に該当するが、科料に処せられても免許の欠格要件に該当しない。したがって、科料の刑の執行が終わって5年を経過しなくても、Cは免許を受けることができる（宅地建物取引業法5条1項6号）。

4 **正しい。** 業務停止処分事由に該当し、その情状が特に重いとして免許を取り消された場合、その取消しの日から5年を経過しなければ、免許を受けることができない（宅地建物取引業法5条1項2号）。

必勝合格Check!

免許の欠格事由──一定の刑罰を受けた者等

1 禁錮以上の刑に処せられた者	2 下記の罪で罰金刑に処せられた者
犯罪の種類を問わず禁錮以上の刑に処せられ、その「刑の執行を終わり」又は「刑の執行を受けることがなくなった日」から5年を経過しない者は免許を受けることができない。執行猶予期間中は免許を受けられない。 刑の全部の執行猶予期間を無事満了した場合には、直ちに免許を取得することができる。	宅建業法違反、暴力的犯罪、背任罪で罰金刑に処せられ、その「刑の執行を終わり」又は「刑の執行を受けることがなくなった日」から5年を経過しない者は免許を受けることができない。

問題

53 免許

重要度 A　　難易度 ★★★

Check! ✓

宅地建物取引業法に規定する宅地建物取引業の免許（以下この問において「免許」という。）及び宅地建物取引士資格登録（以下この問において「登録」という。）に関する次の記述のうち、誤っているものはどれか。

1　個人業者である宅地建物取引業者Aが業務の停止処分に違反して免許の取消処分を受けた場合、Aは、当該取消しの日から5年を経過するまでは、免許を受けることも、登録を受けることもできない。

2　免許の申請前5年以内に宅地建物取引業に関し不正又は著しく不当な行為をしたBは、免許を受けることも、登録を受けることもできない。

3　宅地建物取引業法に違反し罰金の刑に処せられたCは、刑の執行を終わり、又は執行を受けることがなくなった日から5年を経過するまでは、免許を受けることも、登録を受けることもできない。

4　宅地建物取引士としてすべき事務の禁止の処分に違反して登録の消除を受けたDは、当該処分の日から5年を経過するまでの間であっても、免許を受けることはできるが、登録を受けることはできない。

解答・解説

1 **正しい。**宅地建物取引業者が、業務の停止処分に違反して免許の取消処分を受けた場合には、免許取消しの日から5年間は宅地建物取引業の免許を受けることができず（宅地建物取引業法5条1項2号）、また、宅地建物取引士の資格登録を受けることもできない（宅地建物取引業法18条1項3号）。

2 **誤り。**免許の申請前5年以内に宅地建物取引業に関し不正又は著しく不当な行為をした者は、宅地建物取引業の免許を受けることができないが、宅地建物取引士の資格登録を受けることができないとする規定はない（宅地建物取引業法5条1項8号、18条）。

3 **正しい。**宅地建物取引業法違反により罰金刑に処せられた者は、刑の執行を終わり、又は執行を受けることがなくなった日から5年間、宅地建物取引業の免許を受けることも、宅地建物取引士の資格登録を受けることもできない（宅地建物取引業法5条1項6号、18条1項7号）。

4 **正しい。**宅地建物取引士としてすべき事務の禁止の処分に違反して登録の消除を受けた者は、処分の日から5年間、宅地建物取引士として資格登録を受けることができない（宅地建物取引業法18条1項9号、68条の2第1項4号）が、これを理由として宅地建物取引業の免許を受けることができないとする規定はない（宅地建物取引業法5条）。

問題

54 免許

重要度 A　　難易度 ★★★　　Check! ✓

宅地建物取引業の免許（以下この問において「免許」という。）に関する次の記述のうち、宅地建物取引業法の規定によれば、正しいものはどれか。

1　営業に関し成年者と同一の行為能力を有する未成年者であるAの法定代理人であるBが、刑法第247条（背任）の罪により罰金の刑に処せられていた場合、A自身が欠格事由に該当していなければ、その刑の執行が終わった日から5年を経過していなくとも、Aは免許を受けることができる。

2　C社の取締役Dは、3年前にE社が不正の手段により免許を取得したことにより、免許の取消処分を受けた当時、E社の政令で定める使用人であった。この場合においてC社が免許を申請しても、C社は免許を受けることができない。

3　破産者であった個人Fは、復権を得てから5年を経過していない場合、免許を受けることができない。

4　G社の取締役Hが、刑法第246条（詐欺）の罪により懲役1年の刑に処せられ、その刑の執行が終わった日から5年を経過していないとして、3年前にG社は免許を取り消されている。その当時G社の取締役であったIは免許を受けることができない。

解答・解説

1 **正しい**。Aは、営業に関し成年者と同一の行為能力を「有する」未成年者である。法定代理人が欠格事由に該当する場合に免許を受けることができないのは、営業に関し成年者と同一の行為能力を「有しない」未成年者である（宅地建物取引業法5条1項11号）。したがって、A自身が欠格事由に該当していなければ、Aは免許を受けることができる。

2 **誤り**。E社は、3年前に不正の手段により免許を取得したことにより、免許の取消処分を受けていることから、E社とE社の取締役は欠格事由に該当する（宅地建物取引業法5条1項2号）。しかし、政令で定める使用人は欠格事由とはならない。したがって、C社は免許を受けることができる（宅地建物取引業法5条1項12号）。

3 **誤り**。破産手続開始の決定を受けて復権を得ない者は欠格事由に該当するが（宅地建物取引業法5条1項1号）、Fは、復権を得ているため、免許を受けることができる。

4 **誤り**。不正手段により免許を取得した等一定の理由で免許を取り消された法人において、当該取消しに係る聴聞の期日及び場所の公示日前60日以内に当該法人の役員であった者は、当該取消しの日から5年間は免許欠格となる（宅地建物取引業法5条2号）。しかし、役員の1人が免許欠格となったことにより法人が免許欠格となった場合、そのことを理由に当該法人の他の役員が免許欠格となることはない。したがって、取締役Hが免許欠格であることが発覚しG社の免許が取り消されても、その当時G社の取締役であったIは、免許を受けることができる。

免許

宅地建物取引業の免許（以下この問において「免許」という。）の基準に関する次の記述のうち、宅地建物取引業法の規定によれば、正しいものはいくつあるか。

ア　法人の役員のうちに刑法第211条の業務上過失傷害の罪で懲役の刑に処せられている者がいる場合、当該法人は免許を受けることができないが、罰金の刑であれば、直ちに免許を受けることができる。

イ　法人の役員のうちに、かつて破産手続開始の決定を受け、現在は復権を得ているが、復権を得た日から2年しか経過していない者がいる場合、当該法人は免許を受けることができない。

ウ　法人の役員のうちに、宅地建物取引業法に違反し、懲役の刑に処せられている者がいる場合、その刑に執行猶予が付いていれば、当該法人は直ちに免許を受けることができる。

エ　法人の役員のうちに、刑法第208条の暴行の罪により、罰金の刑に処せられている者がいる場合は、免許を受けることができないが、刑の執行後3年を経過すれば、当該法人は免許を受けることができる。

1　一つ
2　二つ
3　三つ
4　四つ

解答・解説

ア **正しい。** 会社等の法人は、役員又は政令で定める使用人が欠格事由に該当するときは免許を受けられない（宅地建物取引業法5条1項12号）。懲役刑は、禁錮以上の刑にあたり、どのような罪の場合でも免許の欠格事由に該当する。一方、罰金刑の場合は、一定の犯罪のみが免許の欠格事由の対象となり、業務上過失傷害罪等の過失傷害の罪はこれに含まれない（宅地建物取引業法5条1項6号）。したがって、役員が業務上過失傷害の罪により罰金の刑に処せられても、その法人は免許を受けることができる。

イ **誤り。** 法人でその役員又は政令で定める使用人のうちに、破産者で復権を得ないものがいる場合には、免許を受けることができないが（宅地建物取引業法5条1項1・12号）、復権を得れば、直ちに免許を受けることができる。

ウ **誤り。** 執行猶予が付いていても懲役刑に処せられていることに変わりはないので、執行猶予期間中は免許を受けられない。したがって、役員が懲役の刑に処せられている場合、執行猶予が付いていても、執行猶予期間が満了するまでは、その法人は免許を受けることができない。

エ **誤り。** 暴行の罪により罰金の刑に処せられた場合は、刑の執行を終わり又は刑の執行を受けることがなくなった日から5年間は免許の欠格事由に該当する（宅地建物取引業法5条1項6号）。したがって、法人の役員のうちに、暴行の罪により、罰金の刑に処せられている者がいる場合は、刑の執行を終わり又は刑の執行を受けることがなくなった日から5年を経過しなければ、免許を受けることができない。

　以上より、正しいものは、アの一つであり、肢1が正解となる。

56 免許

甲県知事の免許を受けている宅地建物取引業者Aに関する次の記述のうち、宅地建物取引業法の規定によれば、正しいものはどれか。なお、Aは甲県内に一つの事務所を設置して事業を営んでいるものとする。

1　Aが甲県の事務所を乙県に移転して引き続き宅地建物取引業を営もうとする場合、Aは、甲県知事を経由して乙県知事に免許換えの申請をしなければならない。

2　Aが甲県の事務所のほかに乙県にも事務所を新設して引き続き宅地建物取引業を営もうとする場合、国土交通大臣に免許換えの申請をしなければならないが、その申請をする際の申請書には、役員及び専任の宅地建物取引士の氏名及び住所を記載しなければならない。

3　Aが甲県の事務所のほかに乙県にも事務所を新設して引き続き宅地建物取引業を営もうとする場合、Aは、国土交通大臣に対し免許換えの申請をし、国土交通大臣の免許を受けた後、遅滞なく、甲県知事に廃業の届出をしなければならない。

4　Aが甲県の事務所のほかに乙県にも事務所を新設して引き続き宅地建物取引業を営もうとする場合に、国土交通大臣に免許換えの申請をしないときは、Aは、その免許を取り消されることになるが、罰則の適用を受けることはない。

解答・解説

1 **誤り**。免許換えの手続は、それが国土交通大臣に対して行うものである場合は主たる事務所の所在地を管轄する都道府県知事を経由して、また、都道府県知事に対して行うものである場合は直接その都道府県知事に対してしなければならない（宅地建物取引業法3条1項、4条1項、7条1項、78条の3第1項）。

2 **誤り**。宅地建物取引業の免許を受けようとする者は、一定の事項を記載した免許申請書を国土交通大臣又は都道府県知事に提出しなければならない（宅地建物取引業法4条1項）。この免許申請書には、役員や専任の宅地建物取引士の氏名を記載しなければならないが、その者の住所は記載する必要はない（宅地建物取引業法4条1項2・5号）。

3 **誤り**。本肢Aは、国土交通大臣に対し免許換えの申請をしなければならないが、甲県知事に廃業の届出をする必要はない（宅地建物取引業法7条1項3号、11条1項）。

4 **正しい**。宅地建物取引業者が免許換えをしないで従前の免許のまま宅地建物取引業を営んだとしても、罰則が適用されることはないが、その事実が判明したときは、免許をした国土交通大臣又は都道府県知事は、その免許を取り消さなければならない（宅地建物取引業法66条1項5号）。

57 免許

Aが国土交通大臣の免許を受けた宅地建物取引業者（甲県に本店、乙県に支店を設けている。）であり、かつ、甲県知事の登録を受けている宅地建物取引士である場合に関する次の記述のうち、宅地建物取引業法の規定によれば、正しいものはどれか。

1　Aが後見開始の審判を受けた場合、Aの免許は取り消されるが、Aの後見人は、後見開始の審判の日から30日以内に、その旨を甲県知事に届け出なければならない。

2　Aが死亡した場合、Aの相続人は、その日から30日以内に、その旨を国土交通大臣及び甲県知事に届け出なければならない。

3　Aが乙県の事務所の所在地を丙県に変更した場合、Aは、30日以内に、甲県知事を経由して、国土交通大臣に変更の届出をしなければならない。

4　Aが氏名を変更した場合、Aは、30日以内にその旨を国土交通大臣に届け出なければならず、また、30日以内に甲県知事に宅地建物取引士資格登録簿の変更の登録を申請しなければならない。

解答・解説

1 **誤り。** 宅地建物取引業者が後見開始の審判を受けたとしても、それを理由に免許が取り消されることはない（宅地建物取引業法66条）。死亡等の届出も不要である（宅地建物取引業法21条）。

2 **誤り。** 宅地建物取引業者が死亡したときは、その相続人は、その事実を「知った日」から30日以内に、その旨をその免許を受けた国土交通大臣又は都道府県知事に届け出なければならない（宅地建物取引業法11条1項1号）。また、宅地建物取引士の資格登録を受けている者が死亡したときは、その相続人は、その事実を「知った日」から30日以内に、その旨を死亡した者が登録している都道府県知事に届け出なければならない（宅地建物取引業法21条1号）。

3 **正しい。** 事務所の所在地は、宅地建物取引業者名簿の登載事項であり、これに変更があった場合においては、30日以内に、その旨をその免許を受けた国土交通大臣又は都道府県知事に届け出なければならず、国土交通大臣に対してその届出をするときは、主たる事務所の所在地を管轄する都道府県知事を経由して届け出なければならない（宅地建物取引業法8条2項5号、9条、78条の3第1項）。

4 **誤り。** 個人業者の氏名は、宅地建物取引業者名簿の登載事項であり、これに変更があった場合においては、30日以内に、その旨をその免許を受けた国土交通大臣又は都道府県知事に届け出なければならない（宅地建物取引業法8条2項4号、9条）。また、宅地建物取引士の登録を受けている者が氏名を変更した場合、「遅滞なく」、変更の登録を申請しなければならない（宅地建物取引業法18条2項、20条）。

次の記述のうち、宅地建物取引業法の規定によれば、誤っているものはいくつあるか。

ア　宅地建物取引業者個人A（甲県知事免許）が死亡した場合、Aの相続人は、Aの死亡の日から30日以内にその旨を甲県知事に届け出なければならない。

イ　甲県知事から免許を受けている宅地建物取引業者B社が乙県知事から免許を受けている宅地建物取引業者C社に吸収合併され消滅した場合、B社を代表する役員であった者が、30日以内に乙県知事にその旨の届出をしなければならない。

ウ　D社が、甲県に本店、乙県に支店をそれぞれ有する場合で、乙県の支店のみで宅地建物取引業を営もうとするときは、D社は、甲県知事の免許を受けなければならない。

エ　甲県知事から免許を受けている宅地建物取引業者E社が、乙県内で一団の宅地建物の分譲を行うため土地に定着する建物内にある案内所を設置した場合、E社は、甲県知事を経由して国土交通大臣へ免許換えの申請をしなければならない。

　　　　1　一つ
　　　　2　二つ
　　　　3　三つ
　　　　4　四つ

解答・解説

ア　誤り。宅地建物取引業者が死亡した場合、相続人は、その事実を知った日から30日以内にその旨を免許権者に届け出なければならない（宅地建物取引業法11条１項かっこ書）。

イ　誤り。法人が吸収合併により消滅した場合には、消滅した法人を代表する役員であった者がその旨を30日以内に免許権者（本肢においては甲県知事）に届け出なければならない（宅地建物取引業法11条１項）。

ウ　誤り。本店は宅地建物取引業を営んでいなくても常に事務所として取り扱われる。したがって、Ｄ社は、国土交通大臣の免許を受けなければならない（宅地建物取引業法３条１項）。

エ　誤り。案内所は事務所でないので、たとえ設置場所が乙県であっても、国土交通大臣へ免許換えの申請をする必要はない（宅地建物取引業法７条１項）。

　以上より、誤っているものは、ア、イ、ウ、エの四つであり、肢４が正解となる。

必勝合格Check!

廃業等の届出事由と届出者

届出事由	届出者	
①死亡	相続人	30日以内（死亡の場合は、その事実を知った日から30日以内）
②合併	消滅した法人の代表役員であった者	
③破産手続開始の決定	破産管財人	
④解散	清算人	
⑤廃業	業者であった個人、法人の代表役員	

宅地建物取引士

甲県知事の宅地建物取引士資格登録（以下この問において「登録」という。）を受けている宅地建物取引士Aに関する次の記述のうち、宅地建物取引業法の規定によれば、誤っているものはいくつあるか。

ア　Aが宅地建物取引業に係る営業に関し成年者と同一の行為能力を有しない未成年者となったときは、その日から30日以内に、Aの法定代理人が、その旨を甲県知事に届け出なければならない。

イ　Aが無免許営業の禁止に関する宅地建物取引業法に違反して宅地建物取引業を営み、懲役1年、執行猶予3年及び罰金300万円の刑に処せられ登録を消除されたとき、執行猶予期間が満了すれば、その翌日から登録を受けることができる。

ウ　Aが役員をしているB社が宅地建物取引業の免許を受けたにもかかわらず、引き続き1年以上事業を休止したことを理由に免許を取り消された場合、Aの登録は消除される。

エ　Aが甲県の区域内における業務に関して事務の禁止の処分を受け、甲県知事に宅地建物取引士証を提出した場合で、その処分の期間が満了したときは、甲県知事は、Aの請求があれば、直ちに宅地建物取引士証をAに返還しなければならない。

　　　1　一つ
　　　2　二つ
　　　3　三つ
　　　4　四つ

解答・解説

ア 誤り。 Aが宅地建物取引業に関し成年者と同一の行為能力を有しない未成年者となった場合、その日から30日以内に、A本人が、甲県知事にその旨を届け出なければならない（宅地建物取引業法18条１項１号、21条２号）。

イ 誤り。 宅地建物取引業法違反で罰金刑に処せられた場合、その刑の執行を終わった日から５年を経過しなければ、登録を受けることはできない。懲役刑について執行猶予期間である３年が満了しても、罰金刑について欠格要件に該当する（宅地建物取引業法18条１項７号）。

ウ 誤り。 Aが役員をしているB社が引き続き１年以上事業を休止したことを理由に免許が取り消されても、不正な手段により免許を受けたとして免許を取り消された場合等と異なり、Aの登録が消除されることはない（宅地建物取引業法68条の２第１項）。

エ 正しい。 宅地建物取引士が事務の禁止の処分を受け、都道府県知事に宅地建物取引士証を提出した場合、処分の期間満了後、返還請求があったときは、都道府県知事は、直ちに宅地建物取引士証を返還しなければならない（宅地建物取引業法22条の２第８項）。

以上より、誤っているものは、ア、イ、ウの三つであり、肢３が正解となる。

必勝合格Check!

届出事由と届出者

届出事由	届出者	
①死亡	相続人	30日以内 （死亡の場合は、その事実を知った日から30日以内）
②心身の故障により宅地建物取引士の事務を適正に行うことができない者として国土交通省令で定めるもの	本人又はその法定代理人若しくは同居の親族	
③上記以外の登録欠格事由（破産手続開始の決定を受けて復権を得ない者等）	本人	

問題 **重要度 A**　　**難易度 ★★★**　　　Check! ✓

60　宅地建物取引士

宅地建物取引業者であるA社（甲県知事免許）の事務所において専任の宅地建物取引士であるB、Cのうち、Bが退社した場合に関する次の記述のうち、宅地建物取引業法の規定によれば、誤っているものはどれか。

1　A社は、宅地建物取引士Dを新たに専任の宅地建物取引士とした場合、30日以内に、Dの氏名を甲県知事に届け出なければならないが、Dの住所については、その必要はない。

2　A社が甲県知事から宅地建物取引士証の交付を受けているEを専任の宅地建物取引士とした場合、Eは、同知事に宅地建物取引士証の書換え交付の申請をしなければならない。

3　A社の役員であり、かつ、当該事務所で宅地建物取引業以外の業務に従事していた宅地建物取引士Fを主として宅地建物取引業の業務に従事させることとした場合、A社は、専任の宅地建物取引士の変更について甲県知事に届出をしなければならない。

4　宅地建物取引業に係る営業に関し成年者と同一の行為能力を有する18歳未満である宅地建物取引士Gは、A社の役員であるときを除き、専任の宅地建物取引士となることができない。

解答・解説

1 **正しい。**専任の宅地建物取引士の氏名は変更の届出の対象となるが、専任の宅地建物取引士の住所は変更の届出の対象とはならない（宅地建物取引業法8条2項、9条）。

2 **誤り。**専任の宅地建物取引士であるか否かは、宅地建物取引士証の記載事項ではない。したがって、専任の宅地建物取引士になっても、宅地建物取引士証の書換え交付を申請する必要はない（宅地建物取引業法施行規則14条の13第1項）。

3 **正しい。**法人である宅地建物取引業者の役員が宅地建物取引士であるときは、その者が主として業務に従事する事務所等については、その者は成年者である専任の宅地建物取引士とみなされる。したがって、Fは新たに専任の宅地建物取引士になったことになり、A社は専任の宅地建物取引士の変更について甲県知事に届け出なければならない（宅地建物取引業法31条の3第2項、9条）。

4 **正しい。**設置を義務づけられる専任の宅地建物取引士は、原則として、成年者でなければならないが、宅地建物取引業者（法人の場合にはその役員）が宅地建物取引士であるときは、その者が主として業務に従事する事務所等においては、たとえ未成年者であっても、成年者である専任の宅地建物取引士とみなされる（宅地建物取引業法31条の3第1・2項）。

宅地建物取引士

宅地建物取引業者Aの宅地建物取引士Bが甲県知事の宅地建物取引士資格試験に合格し、同知事の宅地建物取引士資格登録（以下この問において「登録」という。）を受けている場合に関する次の記述のうち、宅地建物取引業法の規定によれば、誤っているものはいくつあるか。

ア　Bが甲県から乙県に住所を移転しようとする場合、Bは、転居を理由として乙県知事に登録の移転を申請することができる。

イ　Bが事務の禁止の処分を受けている間に、Aの商号に変更があった場合、Bは、変更の登録の申請をする必要はない。

ウ　Bが乙県知事への登録の移転を受けた後、乙県知事に登録を消除され、再度登録を受けようとする場合、Bは、乙県知事に登録の申請をしなければならない。

エ　Bは乙県知事への登録の移転を受けなければ、乙県に所在するAの事務所において、専任の宅地建物取引士となることができない。

　　　　1　一つ
　　　　2　二つ
　　　　3　三つ
　　　　4　四つ

解答・解説

ア　誤り。 宅地建物取引士の登録の移転の申請は、現に登録を受けている都道府県知事の管轄する都道府県以外の都道府県の宅地建物取引業者の事務所に勤務し、又は勤務しようとするときにできる。単に「住所の移転」を理由として、申請することはできない（宅地建物取引業法19条の2）。

イ　誤り。 宅地建物取引士は、勤務する宅地建物取引業者が商号を変更した場合、事務の禁止の処分を受けている間であっても、変更の登録を申請しなければならない（宅地建物取引業法18条2項、20条、同施行規則14条の2第1項5号）。

ウ　誤り。 登録を消除された後、再度登録を受けようとする場合は、試験を行った都道府県知事（本問の場合は、甲県知事）に申請しなければならない（宅地建物取引業法18条1項）。

エ　誤り。 登録及び宅地建物取引士証の効力は全国に及ぶ。したがって、登録の移転をしなくても、Bは、乙県内のAの事務所において、専任の宅地建物取引士となることができる。

　以上より、誤っているものは、ア、イ、ウ、エの四つであり、肢4が正解となる。

必勝合格 Check!

登録の移転

- 登録を受けている者が、登録をしている知事の管轄する都道府県以外の都道府県に所在する業者の事務所の業務に従事し、又は従事しようとするときに、移転先の知事に登録を移すことができる（任意）。
- 事務禁止処分を受け、その禁止の期間が満了していないときは、登録の移転をすることができない。

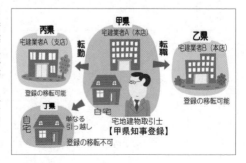

問題 重要度 A　　難易度 ★☆☆　　Check! ✓

62 宅地建物取引士

Aが甲県知事の宅地建物取引士資格登録（以下この問において「登録」という。）を受けている場合に関する次の記述のうち、宅地建物取引業法の規定によれば、正しいものはどれか。

1　Aが現在の住所地である甲県から乙県に住所を移転した場合、事務禁止期間中でなければ、Aが勤務する宅地建物取引業者の事務所の所在地に関係なく、Aは、甲県知事を経由して、乙県知事に対し登録の移転の申請をすることができる。

2　Aが甲県に所在する宅地建物取引業者B社の事務所で業務に従事していたが、転職して乙県に所在する宅地建物取引業者C社の事務所で業務に従事した場合、Aは、遅滞なく、その旨を乙県知事に届け出なければならない。

3　Aが乙県でも宅地建物取引士資格試験に合格した場合、Aは、甲県知事の登録と併せて乙県知事の登録も受けることができる。

4　Aが破産手続開始の決定を受けて復権を得ない者となった場合、Aが、その日から30日以内に、甲県知事にその旨を届け出なければならない。

127

解答・解説

1　誤り。 Aが勤務する宅地建物取引業者の事務所の所在地が乙県にある場合に、Aは乙県知事へ登録を移転することができるのであり、「事務所の所在地に関係なく」登録の移転が許されるわけではない（宅地建物取引業法19条の2）。

2　誤り。 Aが業務に従事する宅地建物取引業者の商号又は名称及び免許証番号は、登録簿の登載事項になっており、これに変更があったときは、遅滞なく、変更の登録を申請しなければならず、この申請は、登録を受けている都道府県知事に対して行わなければならない（宅地建物取引業法18条2項、20条、同施行規則14条の2第1項5号）。

3　誤り。 2以上の都道府県において試験に合格した場合でも、その試験を行った都道府県知事のうち、いずれかの都道府県知事の登録のみを受けることができる（宅地建物取引業法施行規則14条）。

4　正しい。 Aが、破産手続開始の決定を受けて復権を得ない者となった場合、その日から30日以内に、A本人が甲県知事にその旨を届け出なければならない（宅地建物取引業法21条2号）。

必勝合格 Check!

登録簿の登載事項

登載事項	変更の登録の要不要	
① 氏名・生年月日・住所	要	遅滞なく
② 本籍（日本の国籍を有しない者はその者の国籍）及び性別	要	
③ 宅地建物取引業者の業務に従事する者にあっては、業者の商号又は名称・免許証番号	要	

※氏名又は住所を変更したときは、変更の登録と併せて、宅地建物取引士証の書換え交付を申請する。

宅地建物取引士

次の記述のうち、宅地建物取引業法の規定によれば、正しいものはいくつあるか。

ア　宅地建物取引業者Ａ社（甲県知事免許）に勤務する宅地建物取引士Ｂが、新たにＡ社の専任の宅地建物取引士となった場合、Ｂは変更の登録を申請しなければならない。

イ　宅地建物取引士Ｃが宅地建物取引士として行う事務に関し不正又は著しく不当な行為をしたとして、宅地建物取引士としてすべき事務を行うことを禁止する処分を受けている場合、その期間が満了するまでは、住所に変更が生じたとしても、変更の登録をすることができない。

ウ　宅地建物取引士について破産手続開始の決定があった場合、その破産管財人は、その日から30日以内に、その旨をその登録を受けた都道府県知事に届け出なければならない。

エ　宅地建物取引士の登録を受けている者が死亡した場合、その相続人は、死亡した事実を知った日から30日以内に登録をしている都道府県知事に届出をしなければならない。

1　一つ
2　二つ
3　三つ
4　四つ

解答・解説

ア 誤り。 専任の宅地建物取引士であるか否かは、宅地建物取引士資格登録簿には登載されない。したがって、Bは変更の登録を申請する必要はない（宅地建物取引業法20条、18条2項、同施行規則14条の2の2第1項）。なお、本肢の場合、A社は、専任の宅地建物取引士について変更の届出をする必要がある（宅地建物取引業法9条、8条2項6号）。

イ 誤り。 宅地建物取引士登録を受けている者は、登録を受けている事項に変更があったときは、遅滞なく、変更の登録を申請しなければならない（宅地建物取引業法20条）。これは事務禁止期間中であっても同様である。なお、「登録の移転」は、事務禁止期間中はすることができない（宅地建物取引業法19条の2）。

ウ 誤り。 宅地建物取引士について破産手続開始の決定があった場合、本人が、その日から30日以内に、その旨をその登録を受けた都道府県知事に届け出なければならない（宅地建物取引業法21条2号）。なお、宅地建物取引業者について破産手続開始の決定があった場合には、その破産管財人が届出をすることとなる（宅地建物取引業法11条1項3号）。

エ 正しい。 宅地建物取引士の登録を受けている者が死亡した場合、その相続人は、死亡した事実を知った日から30日以内に登録をしている都道府県知事に届出をしなければならない（死亡等の届出、宅地建物取引業法21条1号）。

　以上より、正しいものは、エの一つであり、肢1が正解となる。

問題

64 宅地建物取引士

重要度 A 　難易度 ★★☆ 　Check! ✓

宅地建物取引士Aが、甲県知事の宅地建物取引士資格登録（以下この問において「登録」という。）を受けている場合に関する次の記述のうち、宅地建物取引業法の規定によれば、正しいものはどれか。

1 Aが乙県に所在する宅地建物取引業者の事務所の業務に従事するため、登録の移転とともに宅地建物取引士証の交付を受けたとき、登録の移転後の新たな宅地建物取引士証の有効期間は、その交付の日から5年となる。

2 Aが宅地建物取引士として行う事務に関し不正な行為をしたとして乙県知事から事務の禁止の処分を受けたときは、Aは、2週間以内に、宅地建物取引士証を甲県知事に提出しなければならない。

3 Aは、氏名を変更したときは、遅滞なく変更の登録を申請するとともに、当該申請とあわせて、宅地建物取引士証の書換え交付を申請しなければならない。

4 Aは、宅地建物取引士証の有効期間の更新を受けようとするときは、宅地建物取引士証の有効期間の満了前6月以内に行われる甲県知事の指定する講習を受講しなければならない。

解答・解説

1　**誤り。**登録の移転後の新たな宅地建物取引士証の有効期間は、移転前の宅地建物取引士証の有効期間が経過するまでの期間（残存期間）となる（宅地建物取引業法22条の２第５項）。

2　**誤り。**Aは、宅地建物取引士証を、速やかに、その交付を受けた甲県知事に提出しなければならない（宅地建物取引業法22条の２第７項）。

3　**正しい。**Aが氏名を変更したときは、遅滞なく変更の登録を申請するとともに、当該申請とあわせて、宅地建物取引士証の書換え交付を申請しなければならない（宅地建物取引業法20条、18条２項、同施行規則14条の13第１項）。

4　**誤り。**Aが宅地建物取引士証の有効期間の更新を受けようとするときは、その「申請前」6月以内に行われる甲県知事の指定する講習を受講しなければならない（宅地建物取引業法22条の３第２項、22条の２第２項）。

必勝合格 Check!

宅地建物取引士証の有効期間と更新

●宅地建物取引士証の有効期間は5年である。
●更新を受けようとする者は、申請前6カ月以内に行われる知事指定講習を受けなければならない。
●登録が消除されると、宅地建物取引士証も失効する。宅地建物取引士証が失効しても、登録は失効しない。

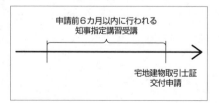

重要度 A　　難易度 ★★☆　　Check! ✓

問題 65 宅地建物取引士

次の記述のうち、宅地建物取引業法の規定によれば、誤っているものはいくつあるか。

ア　宅地建物取引業者は、その従業者に対し、その業務を適正に実施させるため、必要な教育を行わなければならない。

イ　宅地建物取引士は、宅地建物取引業の業務に従事するときは、宅地建物取引士の信用又は品位を害するような行為をしてはならない。

ウ　宅地建物取引業者は、公正かつ誠実にこの法律に定める事務を行うとともに、宅地建物取引業に関連する業務に従事する者との連携に努めなければならず、宅地建物取引士は、取引の関係者に対し、信義を旨とし、誠実にその業務を行なわなければならない。

エ　宅地建物取引士は、宅地又は建物の取引に係る事務に必要な知識及び能力の維持向上に努めなければならない。

　　　　1　一つ
　　　　2　二つ
　　　　3　三つ
　　　　4　四つ

解答・解説

ア　誤り。宅地建物取引業者は、その従業者に対し、その業務を適正に実施
　　させるため、必要な教育を行うよう「努めなければならない」（宅地建
　　物取引業法31条の2）。

イ　誤り。宅地建物取引士は、宅地建物取引士の信用又は品位を害するよう
　　な行為をしてはならない（宅地建物取引業法15条の2）。また、宅地建
　　物取引業法の解釈・運用の考え方15条の2関係において、「宅地建物取
　　引士の信用を傷つけるような行為とは、宅地建物取引士の職責に反し、
　　または職責の遂行に著しく悪影響を及ぼすような行為で、宅地建物取引
　　士としての職業倫理に反するような行為であり、職務として行われるも
　　のに限らず、職務に必ずしも直接関係しない行為や私的な行為も含まれ
　　る。」としているため、宅地建物取引業の業務に従事するときに限らな
　　い。

ウ　誤り。宅地建物取引業者は、取引の関係者に対し、信義を旨とし、誠実
　　にその業務を行なわなければならない（宅地建物取引業法31条1項）。
　　宅地建物取引士は、公正かつ誠実にこの法律に定める事務を行うととも
　　に、宅地建物取引業に関連する業務に従事する者との連携に努めなけれ
　　ばならない（宅地建物取引業法15条）。本肢は、宅地建物取引業者と宅
　　地建物取引士の記述が逆になっている。

エ　正しい。宅地建物取引士は、宅地又は建物の取引に係る事務に必要な知
　　識及び能力の維持向上に努めなければならない（宅地建物取引業法15
　　条の3）。

　　以上より、誤っているものは、ア、イ、ウの三つであり、肢3が正解とな
る。

営業保証金

営業保証金に関する次の記述のうち、宅地建物取引業法の規定によれば、正しいものはどれか。

1　宅地建物取引業者が、新たに支店を設置した場合は、その支店について、設置した日から2週間以内に営業保証金を供託すれば、直ちにその支店で営業を開始することができる。

2　宅地建物取引業者が、自ら所有する土地を20区画の一団の宅地に造成し、これを分譲するために案内所を設置した場合、500万円の営業保証金を追加して供託する必要はない。

3　宅地建物取引業者は、本店を設置する場合には1,000万円、支店1カ所を設置する場合については500万円の営業保証金をそれぞれの事務所の最寄りの供託所に供託しなければならない。

4　金銭及び地方債証券で営業保証金を供託している宅地建物取引業者は、その本店を移転したためその最寄りの供託所が変更した場合、遅滞なく、供託している供託所に対し、移転後の本店の最寄りの供託所への営業保証金の保管替えを請求しなければならない。

解答・解説

1 **誤り。**増設した事務所での営業開始は、営業保証金の供託をしたうえで、さらにその旨の届出を免許権者に行ってからである（宅地建物取引業法26条、25条5項）。

2 **正しい。**肢1で述べたとおり、事務所増設の場合には、営業保証金を供託しなければならないが、案内所の設置においては、営業保証金を供託する必要はない（宅地建物取引業法26条、25条2項）。

3 **誤り。**宅地建物取引業者は、本店の最寄りの供託所に対し、支店の分の営業保証金も併せて供託しなければならない。それぞれの事務所の最寄りの供託所に供託するわけではない（宅地建物取引業法25条1・2項）。

4 **誤り。**金銭のみで供託している場合は、従前の供託所に対し、移転後の主たる事務所の最寄りの供託所への「保管替え」を請求しなければならないが、地方債証券などの有価証券により供託している場合には、移転後の主たる事務所の最寄りの供託所に新たに供託しなければならない（宅地建物取引業法29条1項）。

必勝合格Check!

営業保証金制度のしくみ

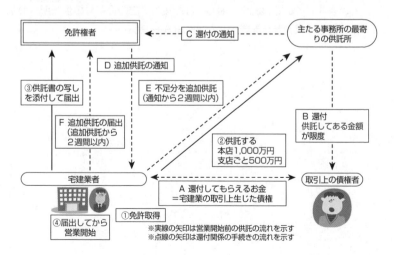

136

67 営業保証金

宅地建物取引業者A（甲県知事免許）が本店と1つの支店を有する場合、Aの営業保証金に関する次の記述のうち、宅地建物取引業法の規定によれば、正しいものはいくつあるか。

ア　Aは、額面金額1,000万円の政府保証債証券と現金600万円によって営業保証金を供託することができる。

イ　甲県知事は、免許した日からAが3か月以内に営業保証金を供託した旨の届出をしないときは、Aに対してその届出をすべき旨を催告しなければならず、催告が到達した日から1か月以内にその届出がないときは、Aの免許を取り消さなければならない。

ウ　Aは、マンション3棟を分譲するための現地案内所を甲県内に設置した場合、営業保証金を追加して供託しなくても、当該案内所でマンションの売買契約をすることができる。

エ　Aは、事業の開始後、新たに事務所を設置したときは、2週間以内に政令で定める額の営業保証金を主たる事務所の最寄りの供託所に供託し、かつ、その旨を甲県知事に届け出なければならない。

　　　　1　一つ
　　　　2　二つ
　　　　3　三つ
　　　　4　四つ

ア　正しい。現金のみで供託することも、政府保証債証券と現金で供託することもできるが、政府保証債証券は額面金額の90％で評価される。本店を含め事務所2つを有するAの供託すべき営業保証金の金額は1,500万円であるから、額面金額1,000万円の政府保証債証券と「現金600万円」を供託しなければならない（宅地建物取引業法25条2項、同施行令2条の4、同施行規則15条1項2号）。

イ　誤り。国土交通大臣又は都道府県知事は、免許をした日から3か月以内に供託した旨の届出がないときは、宅地建物取引業者に対しその届出をすべき旨の催告をしなければならず、催告が到達した日から1か月以内に届出がないときは、免許を取り消すことが「できる」（宅地建物取引業法25条6・7項）。免許を取り消さなければならないわけではない。

ウ　正しい。営業保証金を供託しなければならないのは「事務所」についてである。案内所を設置した場合には、営業保証金を供託する必要はない（宅地建物取引業法25条1・2項）。

エ　誤り。新たに事務所を設置した場合、保証協会の社員の場合と異なり、2週間以内に営業保証金を供託し届出をしなければならないとする規定はない。当該届出をしないと、新たに設置した事務所において業務が開始できないだけである。

　以上より、正しいものは、ア、ウの二つであり、肢2が正解となる。

68 営業保証金

宅地建物取引業法に規定する営業保証金に関する次の記述のうち、正しいものはどれか。

1　都道府県知事又は国土交通大臣は、その免許をした宅地建物取引業者が免許をした日から3か月以内に営業保証金を供託しないときは、催告をしたうえ、当該宅地建物取引業者の免許を取り消さなければならない。

2　宅地建物取引業者との取引により生じた債権であっても、広告業者の広告代金債権や内装業者の内装工事代金債権であれば、当該宅地建物取引業者が供託している営業保証金から還付を受けることはできない。

3　宅地建物取引業者は、営業保証金を主たる事務所の最寄りの供託所に供託すれば直ちに営業を開始でき、供託した旨の届出は営業開始後2週間以内にすればよい。

4　本店を移転したため最寄りの供託所に変更がある場合、宅地建物取引業者は営業保証金を金銭のみをもって供託している場合に限り営業保証金の保管替えを行うことができるが、この保管替えを請求するか否かは、当該宅地建物取引業者の任意である。

解答・解説

1 **誤り**。免許権者は、免許した日から3か月以内に営業保証金を供託した旨の届出がないときは、その届出をすべき旨を宅地建物取引業者に対して催告をしなければならない（宅地建物取引業法25条6項）。しかし、催告が到達した日から1か月以内になお届出がないときは、免許を取り消すことが「できる」のであって（宅地建物取引業法25条7項）、必ず取り消さなければならないわけではない。

2 **正しい**。営業保証金の還付請求は、「宅地建物取引」から生じた債権に限られる（宅地建物取引業法27条1項）。広告代金債権や内装工事代金債権は、「宅地建物取引」そのものから生じた債権ではないので、還付の対象とはならない。

3 **誤り**。宅地建物取引業者は、営業保証金を供託したときは、供託書の写しを添付して、その旨を免許を受けた国土交通大臣又は都道府県知事に届け出た後でなければ、事業を開始してはならない（宅地建物取引業法25条4・5項）。

4 **誤り**。まず、主たる事務所が移転したため、営業保証金の供託所を変更する場合の手続には2種類ある。そのうち、金銭のみで供託しているときに行う手続だけを「保管替え」という。金銭と有価証券又は有価証券のみで供託している場合に行う手続は、「保管替え」とはいわない。この場合は、新たに供託しなければならない。また、保管替え・新たな供託の手続は必要的であって（宅地建物取引業法29条1項）、することができるという任意的な手続ではない。

問題 69

重要度 A　**難易度 ★★☆**

Check! ✓

保証協会

宅地建物取引業保証協会（以下この問において「保証協会」という。）に関する次の記述のうち、正しいものはどれか。

1 120万円の弁済業務保証金分担金を納付して、保証協会の社員となった宅地建物取引業者が、1つの事務所を廃止したときは、保証協会は、指定供託所より弁済業務保証金を取り戻し、6か月以上の期間を定めた所定の公告手続が終了した後に30万円を当該社員に返還する。

2 保証協会の社員である宅地建物取引業者と宅地建物取引業に関し取引をした者（宅地建物取引業者に該当する者を除く。）が、その取引により生じた債権に関し、弁済業務保証金について弁済を受ける権利を実行するときは、当該保証協会の認証を受けるとともに、当該保証協会に対し、還付請求をしなければならない。

3 保証協会は、宅地建物取引業者の相手方から社員の取り扱った取引に関する苦情について解決の申出があった場合、必要があると認めるときには、当該社員に対して、文書又は口頭による説明を求めることができ、当該社員は、正当の理由がある場合でもこれを拒むことはできない。

4 保証協会は、宅地建物取引業者の相手方からなされた苦情についての解決の申出若しくはその解決の結果について、当該社員及び全社員に周知させなければならない。

解答・解説

1 誤り。社員の地位を失った場合と社員が一部の事務所を廃止したため弁済業務保証金分担金の超過額が生じた場合には取戻しができるが（宅地建物取引業法64条の11第1項）、後者の場合には、公告手続をすることなく、その超過額を社員に返還する（宅地建物取引業法64条の11第2項）。社員の地位を失った場合（宅地建物取引業法64条の11第4項）と混同しないようにしてほしい。

2 誤り。保証協会の社員である宅地建物取引業者と宅地建物取引業に関し取引をした者（宅地建物取引業者に該当する者を除く。）が、その取引により生じた債権に関し、弁済業務保証金について弁済を受ける権利を実行しようとするときは、弁済を受けることができる額について当該保証協会の認証を受けなければならない（宅地建物取引業法64条の8第2項）。もっとも、還付請求は法務大臣及び国土交通大臣の定める供託所に対してすることになっている（宅地建物取引業法64条の7第2項）。

3 誤り。保証協会は、苦情の解決について必要があると認めるときは、当該社員に対し、文書若しくは口頭による説明又は資料の提出を求めることができる（宅地建物取引業法64条の5第2項）。しかし、当該社員は、正当な理由がある場合にはこれを拒める（宅地建物取引業法64条の5第3項）。

4 正しい。保証協会は、社員である宅地建物取引業者の教育に役立てるために、苦情の解決の結果について全社員に周知させなければならないことになっている（宅地建物取引業法64条の5第4項）。

問題 70　保証協会

宅地建物取引業保証協会（以下この問において「保証協会」という。）及び弁済業務保証金分担金（以下この問において「分担金」という。）に関する次の記述のうち、誤っているものはどれか。

1　180万円の分担金を納付して保証協会の社員となった者に対して、宅地建物取引業に関する取引に関し債権を有する者（宅地建物取引業者に該当する者を除く。）は、3,000万円を限度として、供託している弁済業務保証金から弁済を受けることができる。

2　保証協会は、還付充当金の納付がなかったときの弁済業務保証金の供託に充てるため、弁済業務保証金から生ずる利息又は配当金を弁済業務保証金準備金に繰り入れなければならない。

3　保証協会は、社員である宅地建物取引業者が受領した支払金又は預り金の返還債務その他宅地建物取引業に関する債務を連帯して保証する業務を行うことができる。

4　保証協会から、特別弁済業務保証金分担金を納付すべき旨の通知を受けた日から2週間以内に、特別弁済業務保証金分担金を納付しないと、社員たる地位を失う。

解答・解説

1　**正しい**。保証協会の社員と宅地建物取引業に関し取引をした者（社員と
その者が社員となる前に宅地建物取引業に関し取引をした者を含み、宅
地建物取引業者に該当する者を除く。）は、その取引により生じた債権
に関し、当該社員が社員でないとしたらその者が供託すべき営業保証金
の額に相当する額の範囲内において、当該保証協会が供託した弁済業務
保証金から、弁済を受けることができる（宅地建物取引業法64条の8
第1項）。納付すべき弁済業務保証金分担金の額は、主たる事務所60万
円、従たる事務所一つにつき30万円であるから（宅地建物取引業法施
行令7条）、180万円の弁済業務保証金分担金を納付した社員は、主た
る事務所のほか従たる事務所を（180万円−60万円）÷30万円＝4つ
有するはずである。供託すべき営業保証金の額は、主たる事務所につき
1,000万円、従たる事務所一つにつき500万円であるから（宅地建物
取引業法施行令2条の4）、本肢社員が社員でないとしたら供託すべき
営業保証金の額は、1,000万円＋500万円×4＝3,000万円となる。
よって、この社員に対し債権を有する者は、3,000万円を限度に弁済業
務保証金から弁済を受けることができる。

2　**正しい**。保証協会は、還付充当金の納付がなかったときの弁済業務保証
金の供託に充てるため、弁済業務保証金から生ずる利息又は配当金を弁
済業務保証金準備金に繰り入れなければならない（宅地建物取引業法
64条の12第1・2項）。

3　**正しい**。保証協会は、社員である宅地建物取引業者が受領した支払金又
は預り金の返還債務その他宅地建物取引業に関する債務を連帯して保証
する業務（一般保証業務）を行うことができる（宅地建物取引業法64
条の3第2項1号）。

4　**誤り**。保証協会から、特別弁済業務保証金分担金を納付すべき旨の通知
を受けた社員が、通知を受けた日から「1か月以内に」特別弁済業務保
証金分担金を納付しないと、社員たる地位を失う（宅地建物取引業法
64条の12第4・5項、64条の10第3項）。よって、本肢が正解となる。

保証協会

宅地建物取引業者Ａ（甲県知事免許）が宅地建物取引業保証協会（以下「保証協会」という。）に加入した場合に関する次の記述のうち、宅地建物取引業法の規定によれば、正しいものはいくつあるか。

ア　Ａが保証協会に加入する前にＡと宅地建物取引業に関して取引した者（宅地建物取引業者に該当する者を除く。）は、その取引によって生じた債権につき、弁済業務保証金から弁済を受けることができない。

イ　Ａは、保証協会に加入した日から２週間以内に、弁済業務保証金分担金を保証協会に納付しなければならない。

ウ　Ａは、保証協会に加入した後に、新たに事務所を設置したときは、その日から２週間以内に、当該事務所分の弁済業務保証金分担金を納付するとともに、その旨を甲県知事に届け出なければならない。

エ　Ａは、取引の相手方等（宅地建物取引業者に該当する者を除く。）に対して、売買等の契約が成立したときは、遅滞なく、保証協会の社員である旨、その保証協会の名称、住所及び事務所の所在地、保証協会が弁済業務保証金を供託している供託所及びその所在地について説明をするようにしなければならない。

　　　　1　一つ
　　　　2　二つ
　　　　3　三つ
　　　　4　なし

解答・解説

ア 誤り。宅地建物取引業者Aが宅地建物取引業保証協会に加入する前にA
と宅地建物取引業に関して取引した者（宅地建物取引業者に該当する者
を除く。）も、その取引により生じた債権につき、弁済業務保証金から
弁済を受けることができる（宅地建物取引業法64条の8第1項）。

イ 誤り。宅地建物取引業保証協会に加入しようとする宅地建物取引業者
は、加入しようとする日までに、弁済業務保証金分担金を当該保証協会
に納付しなければならない（宅地建物取引業法64条の9第1項2号）。

ウ 誤り。宅地建物取引業保証協会の社員は、弁済業務保証金分担金を納付
した後に、新たに事務所を設置したときは、2週間以内に、弁済業務保
証金分担金を納付しなければならないが、納付した旨を免許権者に届け
出る必要はない（宅地建物取引業法64条の9第2項）。

エ 誤り。宅地建物取引業者は、宅地建物取引業者の相手方等（宅地建物取
引業者に該当する者を除く。）に対して、売買等の契約が成立するまで
の間に、宅地建物取引業保証協会の社員である旨、その保証協会の名
称、住所及び事務所の所在地、保証協会が弁済業務保証金を供託してい
る供託所及びその所在地について、説明をするようにしなければならな
い（宅地建物取引業法35条の2）。

　以上より、正しいものはなく、肢4が正解となる。

広告等の規制

宅地建物取引業者Aの行う広告に関する次の記述のうち、宅地建物取引業法の規定によれば、正しいものはどれか。

1　Aが販売する意思のない物件について「販売する」旨の広告をした場合、Aは、監督処分を受けることがあるが、罰則の適用を受けることはない。

2　Aが、他の宅地建物取引業者Bの代理として未完成の建物を販売する場合は、建築基準法上の確認を受けた後でなくても、その広告をすることができる。

3　Aが、その業務に関し取引態様の別を明示しないで広告をした場合、Aは、監督処分を受けることがあるが、罰則の適用を受けることはない。

4　Aが、宅地の売買の媒介をするに当たり、依頼者からの依頼に基づくことなく広告をした場合でも、その広告が売買の契約の成立に寄与したときは、Aは、報酬とは別にその広告料金を請求することができる。

解答・解説

1　**誤り**。販売する意思のない物件を広告することは、誇大広告等の禁止の規定に違反する（宅地建物取引業法32条）。この場合、監督処分を受けるほか（宅地建物取引業法65条、66条）、6月以下の懲役もしくは100万円以下の罰金又はこれらの併科という罰則の適用もある（宅地建物取引業法81条1号）。

2　**誤り**。宅地建物取引業者が未完成物件について広告する場合、建築基準法上の確認等を受けた後でなければすることができない（宅地建物取引業法33条）。自ら売主となる場合だけでなく、他の宅地建物取引業者の代理又は媒介の際に広告をする場合も同様である。

3　**正しい**。宅地建物取引業者は、広告をするとき及び注文を受けたときは、取引態様の別を明示しなければならない（宅地建物取引業法34条）。この違反について、監督処分を受けることはある（宅地建物取引業法65条、66条）。しかし、罰則の適用を受けることはない。

4　**誤り**。依頼者からの依頼による広告料金は、報酬とは別に請求することができるが、依頼者の依頼によるものでないときは、報酬とは別に広告料金を請求することはできない（宅地建物取引業法46条1・2項、告示9）。

必勝合格Check!

広告開始時期の制限

●工事完了前の物件は建築確認・開発許可等が下りるまで広告をしてはならない。

契約締結等の時期の制限

●工事完了前の物件は建築確認・開発許可等が下りるまで「自ら売買、自ら交換、売買の代理、交換の代理、売買の媒介、交換の媒介」は禁止される。貸借の代理・媒介のみ制限されない。

問題 73

重要度 A　　難易度 ★★★　　Check! ✓

広告等の規制

次の記述のうち、宅地建物取引業法の規定によれば、誤っているものはいくつあるか。

ア 宅地建物取引業者は、実在する宅地について、実際に販売する意思がないのであれば、当該宅地の広告の表示に誤りがなくても、その広告を行うことはできない。

イ 宅地建物取引業者は、宅地又は建物の売買、交換又は賃借に関する広告をするときに取引態様の別を明示していれば、注文を受けたときに改めて取引態様の別を明示しなくてもよい。

ウ 宅地建物取引業者は、建物の売買の広告に当たり、当該建物の形質について、実際のものよりも著しく優良であると人を誤認させる表示をすれば、当該建物に関する注文がなく、取引が成立しなくても、監督処分及び罰則の対象となる。

エ 宅地建物取引業者が免許権者からその業務の全部の停止を命ぜられた期間中であっても、当該停止処分が行われる前に印刷した広告の配布活動のみは認められている。

    1 一つ
    2 二つ
    3 三つ
    4 四つ

解答・解説

ア 正しい。 実際には存在しない物件等の広告（虚偽広告）のみならず、顧客を集めるために売る意思のない条件の良い物件を広告し、実際は他の物件を販売しようとするおとり広告についても誇大広告等として禁止される（宅地建物取引業法32条、宅地建物取引業法の解釈・運用の考え方第32条関係1）。

イ 誤り。 宅地建物取引業者は、広告をするときだけでなく、注文を受けたときも取引態様の別を明示しなければならない（宅地建物取引業法34条）。

ウ 正しい。 誇大広告等は、それ自体が禁止されている。したがって、当該建物に関する注文がなく、取引が成立しなくても、監督処分の対象となる（宅地建物取引業法65条、66条）。また、6月以下の懲役若しくは100万円以下の罰金に処され、又はこれを併科される（宅地建物取引業法81条1号）。

エ 誤り。 宅地建物取引業者が業務の全部の停止を命じられた場合、その期間中はすべての業務を行うことができない（宅地建物取引業法65条2・4項）。したがって、広告を出すことやその配布活動も行うことはできない。

　以上より、誤っているものは、イ、エの二つであり、肢2が正解となる。

必勝合格Check!

誇大広告等の禁止

宅建業者の業務に関する広告時
↓
宅地・建物の「所在、規模、環境、交通」
等について、
↓
著しく事実と違う、著しく有利であると
誤認させる表示
↓
してはならない。

チラシ・新聞広告・DM・インターネット等の方法は問わない。

取引が不成立でも、損害が発生しなくても違反

存在しない物件や取引する意思のない物件についての表示等は、誇大広告等の禁止に違反する。

74 媒介契約の規制

宅地建物取引業者Aは、BからB所有の宅地の売却について媒介の依頼を受けた。この場合における次の記述のうち、宅地建物取引業法（以下この問において「法」という。）の規定によれば、誤っているものはいくつあるか。

ア　Aは、当該宅地を売買すべき価額をBに口頭で述べたとしても、法第34条の2第1項の規定に基づき交付すべき書面（以下この問において「媒介契約書」といい、法第34条の2第11項の規定に基づく電磁的方法によるものを含む。）に当該価額を記載しなければならない。

イ　AがBと専任媒介契約を締結した場合、Aは、媒介契約書に、BがA以外の宅地建物取引業者の媒介又は代理によって売買又は交換の契約を成立させたときの措置について記載しなければならない。

ウ　AがBと一般媒介契約を締結した場合には、当該一般媒介契約が国土交通大臣が定める標準媒介契約約款に基づくものであるか否かの別を、媒介契約書に記載する必要はない。

エ　AがBと一般媒介契約を締結した場合には、媒介契約書を作成するときは、契約の有効期間に関する事項の記載を省略することができる。

　　　　1　一つ
　　　　2　二つ
　　　　3　三つ
　　　　4　四つ

解答・解説

ア　正しい。 法34条の2第1項の規定に基づき交付すべき書面（以下この問において「媒介契約書」といい、法34条の2第11項の規定に基づく電磁的方法によるものを含む。）には、当該宅地又は建物の売買すべき価額を記載しなければならない（宅地建物取引業法34条の2第1項2号、11項）。

イ　正しい。 専任媒介契約を締結した場合、媒介契約書面には、依頼者が他の宅地建物取引業者の媒介又は代理によって売買又は交換の契約を成立させたときの措置を記載しなければならない（宅地建物取引業法34条の2第1項8号、11項、同施行規則15条の9第1号）。

ウ　誤り。 宅地建物取引業者Aは、宅地の所有者Bと一般媒介契約を締結した場合、媒介契約書には、「当該媒介契約が国土交通大臣が定める標準媒介契約約款に基づくものであるか否かの別」を記載しなければならない。当該事項は、一般媒介契約、専任媒介契約のどちらであっても記載が必要である（宅地建物取引業法34条の2第1項8号、11項、同施行規則15条の9第4号）。

エ　誤り。 宅地建物取引業者は、宅地の売買の媒介契約書面には、媒介契約の有効期間に関する事項を記載しなければならない（宅地建物取引業法34条の2第1項5号、11項）。

以上より、誤っているものは、ウ、エの二つであり、肢2が正解となる。

必勝合格Check!

媒介契約書の記載事項

記載事項	ポイント
① 宅地又は建物を特定するために必要な表示	
② 宅地又は建物の売買価額又は評価額	意見を述べるときは、請求がなくても、根拠を明らかにする。口頭可。
③ 媒介契約の種類	
④ 既存の建物であるときは、依頼者に対する建物状況調査を実施する者のあっせんに関する事項	
⑤ 媒介契約の有効期間及び解除に関する事項	
⑥ 報酬に関する事項	
⑦ 依頼者が媒介契約に違反して契約を成立させた場合の措置	例　違約金を支払う等
⑧ 指定流通機構への登録に関する事項	一般媒介契約の場合でも記載する。
⑨ 媒介契約が、国土交通大臣の定める標準媒介契約約款に基づくものであるか否かの別	標準媒介契約約款に基づかなくても、記載する。

問題 75

媒介契約の規制

宅地建物取引業者が宅地の所有者からその宅地の売買の媒介を依頼され、専任媒介契約を締結した場合の指定流通機構への登録事項に該当するものの組合せとして正しいものはどれか。

ア　登録に係る宅地の所有者の氏名及び住所
イ　当該宅地に係る都市計画法その他の法令に基づく制限で主要なもの
ウ　宅地の価額
エ　当該専任媒介契約が専属専任媒介契約である場合にあっては、その旨

   1　ア、イ
   2　ア、ウ
   3　ア、イ、ウ
   4　イ、ウ、エ

解答・解説

指定流通機構に登録しなければならない事項は、次のとおりである。

1 宅地建物の所在、規模、形質

2 売買すべき価額（交換の場合には評価額）（肢ウ）

3 都市計画法その他の法令に基づく制限で主要なもの（肢イ）

4 専属専任媒介である場合にあっては、その旨（宅地建物取引業法34条の2第5項、同施行規則15条の11）（肢エ）

肢アの登録に係る宅地又は建物の所有者の氏名、住所は登録事項ではない。よって、正解は4である。

必勝合格 Check!

指定流通機構への登録関係の流れ

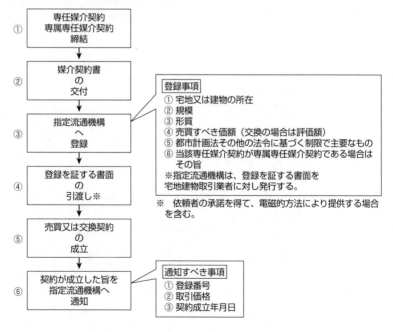

問題 76 重要度 A 難易度 ★★☆ Check! ✓

媒介契約の規制

宅地建物取引業者Aが、宅地の所有者Bからその宅地の売買の媒介を依頼され、媒介契約を締結した場合の指定流通機構への登録に関する次の記述のうち、正しいものはどれか。なお、この問において登録を証する書面には、宅地建物取引業法第34条の2第12項の規定に基づく電磁的方法によるものを含むものとする。

1　ＡＢ間の媒介契約が専属専任媒介契約である場合で、Ａが所定の期間内に指定流通機構に登録をしなかったとき、Ａは、そのことを理由として罰則の適用を受けることがある。

2　ＡＢ間の媒介契約が専属専任媒介契約である場合でも、指定流通機構への登録をしないことにつきＢの承諾を得たときは、Ａは、当該登録をしないことができる。

3　ＡＢ間の媒介契約が専任媒介契約である場合で、Ａが、当該宅地について指定流通機構に登録をし、当該登録を証する書面の発行を受けたとき、Ａは、その書面を遅滞なくＢに引き渡さなければならない。

4　ＡＢ間の媒介契約が専任媒介契約でない場合、Ａは、契約の相手方を探索するため、当該宅地について指定流通機構に登録することはできない。

解答・解説

1 **誤り**。宅地建物取引業者が、所定の期間内に指定流通機構に登録をしなかった場合は、監督処分に処せられることはあっても、罰則の適用はない（宅地建物取引業法79条〜86条参照）。

2 **誤り**。専属専任媒介契約を含む専任媒介契約の場合には、指定流通機構への登録は義務付けられており、たとえ依頼者の承諾を得ても、当該登録をしないとすることはできない（宅地建物取引業法34条の2第5項）。

3 **正しい**。宅地建物取引業者は、指定流通機構に登録をした場合には、当該登録を証する書面の発行を受けたとき、その書面を遅滞なく依頼者に引き渡さなければならない（電磁的方法による提供を含む。）（宅地建物取引業法34条の2第6項）。

4 **誤り**。一般媒介契約であっても、契約の相手方を探索するため、当該物件について指定流通機構に登録することができる。

問題
77

重要度 A　　難易度 ★★★

Check! ✓

媒介契約の規制

宅地建物取引業者ＡがＢ所有建物の売買の媒介の依頼を受け、Ｂと専属専任媒介契約（以下この問において「媒介契約」という。）を締結した場合における次の記述のうち、宅地建物取引業法の規定によれば、正しいものはどれか。なお、宅地建物取引業法第34条の２第11項の規定に基づく電磁的方法によるものは考慮しないものとする。

1　Ｂの申出に基づき「契約の有効期間を２か月とする」旨の特約をしたときでも、その期間は3か月となる。

2　ＡがＢに交付する媒介契約の内容を記載した書面には、Ａ及び宅地建物取引士が記名押印しなければならない。

3　Ｂ所有建物が既存の住宅であるときは、Ｂに対する建物状況調査を実施する者のあっせんに関する事項を媒介契約書面に記載しなければならない。

4　指定流通機構に登録した依頼物件について売買の契約が成立したときは、Ａは契約の成立の日から２週間以内にその旨を指定流通機構に通知しなければならない。

解答・解説

1 **誤り**。専任媒介契約の有効期間は3か月を超えることができず、3か月を超える定めをしたときは、3か月になるが、2か月と定めたときは2か月となる（宅地建物取引業法34条の2第3項）。依頼者の申出があったときも同様である。

2 **誤り**。宅地建物取引業者は、宅地又は建物の売買又は交換の媒介契約を締結したときは、遅滞なく、媒介契約の内容を記載した書面を作成して依頼者にこれを交付しなければならず、この書面（媒介契約書）には、その宅地建物取引業者の記名押印が必要である（宅地建物取引業法34条の2第1項）。宅地建物取引士の記名押印は必要ではない。なお、媒介契約書面の交付に代えて、依頼者の承諾を得て、当該書面に記載すべき事項を電磁的方法により提供する場合は、宅地建物取引業者の記名押印に代わる措置を講ずる必要がある（同条11項）。

3 **正しい**。売買の媒介の依頼を受けた建物が、既存の住宅であるときは、依頼者に対する建物状況調査を実施する者のあっせんに関する事項を媒介契約書面に記載しなければならない（宅地建物取引業法34条の2第1項4号）。

4 **誤り**。宅地建物取引業者は、専任媒介契約に基づき指定流通機構に登録した宅地又は建物の売買又は交換の契約が成立したときは、国土交通省令で定めるところにより、「遅滞なく」、その旨を当該登録に係る指定流通機構に通知しなければならない（宅地建物取引業法34条の2第7項）。

問題 重要度 A　難易度 ★☆☆　Check! ✓

78 媒介契約の規制

宅地建物取引業者Aが、B所有宅地の売買につきBとの間で媒介契約を締結した場合に関する次の記述のうち、宅地建物取引業法の規定によれば、誤っているものはいくつあるか。なお、この問において媒介契約の内容を記載した書面には、宅地建物取引業法第34条の2第11項の規定に基づき電磁的方法により提供するものを含むものとする。

ア　Aは、Bとの間で媒介契約を締結したときは、遅滞なく、媒介契約の内容を記載した書面を作成して、Bに交付しなければならず、Bが宅地建物取引業者であるときでも、交付を省略することができない。

イ　AB間の媒介契約が専属専任媒介契約である場合、Aは、Bに対して、業務の処理状況を1週間に1回以上書面又は電子メールで報告しなければならない。

ウ　AB間の媒介契約が専属専任媒介契約である場合、Aは、B所有宅地について、契約締結日から5日（休業日を含む。）以内に、一定の事項を国土交通大臣の指定する流通機構に登録することによって、契約の相手方を探索しなければならない。

エ　Aが当該宅地を売買すべき価額について意見を述べる場合にその根拠を明らかにしなかったときは、Aは、そのことを理由に業務停止の処分を受けることがあるが、罰則の適用を受けることはない。

    1　一つ
    2　二つ
    3　三つ
    4　四つ

159

解答・解説

ア 正しい。媒介契約を締結したときに依頼者に交付する媒介契約書は、それが宅地又は建物の売買・交換に関するものである限り、宅地建物取引業者が行う取引を媒介する場合においても、交付（電磁的方法による提供を含む。）しなければならない（宅地建物取引業法34条の２、78条２項）。

イ 誤り。専属専任媒介契約の場合、宅地建物取引業者は、依頼者に対して、業務の処理状況を１週間に１回以上報告しなければならないが、この報告は書面又は電子メールに限らず、口頭でも足りる（宅地建物取引業法34条の２第９項かっこ書）。なお、媒介契約が標準媒介契約約款に基づくときは、この報告は書面等によらなければならないことになっている。

ウ 誤り。専属専任媒介契約を締結したときは、契約締結日から５日（休業日を除く。）以内に国土交通大臣の指定した流通機構に登録することにより、契約の相手方を探索しなければならない（宅地建物取引業法34条の２第５項、同施行規則15条の11）。

エ 正しい。宅地建物を売買すべき価額について意見を述べる場合に根拠を明示しないときは、業務停止処分を受けることがあるが、罰則の適用を受けることはない（宅地建物取引業法34条の２第２項、65条２項２号）。

　以上より、誤っているものは、イ、ウの二つであり、肢２が正解となる。

重要度 A　　難易度 ★☆☆　　Check! ✓

重要事項の説明

宅地建物取引業者であるA及びBが共同して宅地の売買の媒介をするため、協力して一の重要事項説明書（宅地建物取引業法第35条の規定に基づく重要事項を記載した書面）を作成した場合に関する次の記述のうち、誤っているものはどれか。なお、Aの宅地建物取引士をa、Bの宅地建物取引士をbとし、買主は宅地建物取引業者ではないものとする。

1　AとBは、a1人を代表として、宅地の買主に対し重要事項説明書を交付（以下この問において宅地建物取引業法第35条第8項又は第9項の規定に基づき電磁的方法により提供する場合を含む。）して、重要事項について説明させることができる。

2　AとBは、重要事項についてaとbに分担して説明させるときでも、a及びbが記名した重要事項説明書を交付させなければならない。

3　a及びbは、重要事項説明書を交付して説明する際に宅地建物取引士証を提示するとき、胸に着用する方法で行うことができる。

4　重要事項説明書に記載された事項のうち、Aが調査及び記入を担当した事項の内容に誤りがあったとき、Aは指示処分を受けることがあるが、Bは指示処分を受けることはない。

解答・解説

1　**正しい**。宅地建物取引業者が共同して一つの重要事項説明書を作成した場合、相手方に対して重要事項説明書（電磁的方法によるものを含む。）を共同で作成したこと、一業者が代表して説明を行う旨を説明して、一業者の宅地建物取引士１人を代表として、重要事項の説明をさせることができる（宅地建物取引業法35条１・8項）。

2　**正しい**。複数の宅地建物取引業者が取引に関与し、それぞれの宅地建物取引士が分担して説明した場合、それぞれの宅地建物取引士が記名した重要事項説明書を交付（電磁的方法による提供を含む。）させなければならない（宅地建物取引業法35条１・8項）。

3　**正しい**。宅地建物取引士証の提示方法は、宅地建物取引士証を胸に着用するなどにより、相手方等に明確に示さなければならない（宅地建物取引業法の解釈・運用の考え方35条4項関係）。

4　**誤り**。Aが調査及び記入を担当した事項の内容に誤りがあったときは、AとともにBも指示処分を受けることがある（宅地建物取引業法35条、65条１項）。

必勝合格 Check!

重要事項説明の方法

説明時期	契約が成立するまでの間に
説明者	宅建業者が宅地建物取引士をして
説明場所	どこでもよい
説明の相手	買主・借主等に
説明の方法	宅地建物取引士証を提示し、宅地建物取引士の記名のある重要事項説明書を交付（電磁的方法による提供を含む。）し説明

※相手方が宅建業者の場合は、交付のみで足り、説明は不要。

例 売買契約

売主　←売買契約→　買主

A社

説明しない　説明する

宅地建物取引士

問題 80　重要事項の説明

宅地建物取引業者が行う宅地建物取引業法第35条に規定する重要事項の説明に関する次の記述のうち、正しいものはどれか。なお、宅地建物取引業者の相手方等は宅地建物取引業者ではないものとする。

1　建物の売買の媒介を行う場合、当該建物が津波防災地域づくりに関する法律の規定により指定された津波災害警戒区域内にあるときは、その旨を説明しなければならないが、当該建物の貸借の媒介を行う場合においては、説明する必要はない。

2　昭和55年10月１日に新築の工事に着手し、完成した建物の売買の媒介を行う場合、当該建物が指定確認検査機関による耐震診断を受けたものであっても、その内容は説明する必要はない。

3　建物の貸借の媒介を行う場合、敷金の授受の定めがあるときは、その敷金の額、契約終了時の敷金の精算に関する事項及び金銭の授受の時期については説明しなければならないが、金銭の保管方法については説明する必要はない。

4　建物の売買の媒介の場合は、住宅の品質確保の促進等に関する法律に規定する住宅性能評価を受けた新築住宅であるときは、その旨を説明しなければならないが、建物の貸借の媒介の場合は説明する必要はない。

解答・解説

1 **誤り**。宅地建物取引業者は、建物の売買の媒介を行う場合において、当該建物が津波防災地域づくりに関する法律53条１項 により指定された津波災害警戒区域内にあるときは、その旨を重要事項として説明しなければならないが、このことは、建物の貸借の媒介においても同様である（宅地建物取引業法35条１項14号、同施行規則16条の４の３第３号）。

2 **誤り**。宅地建物取引業者は、建物の売買の媒介を行う場合において、当該建物（昭和56年６月１日以降に新築の工事に着手したものを除く。）が建築物の耐震改修の促進に関する法律４条１項に基づく一定の者が行う耐震診断を受けたものであるときは、その内容を重要事項として説明しなければならない（宅地建物取引業法35条１項14号、同施行規則16条の４の３第５号）。本肢建物は、昭和55年10月１日に新築の工事に着手したものであるため、指定確認検査機関による耐震診断を受けたものであるときは、その内容を重要事項として説明しなければならない。

3 **誤り**。宅地建物取引業者は、建物の貸借の媒介を行う場合、借賃以外に授受される金銭の額及びその授受の目的並びに契約終了時の敷金の精算に関する事項については重要事項として説明しなければならないが（宅地建物取引業法35条１項７・14号、同施行規則16条の４の３第11号）、金銭の「授受の時期」及び「保管方法」については重要事項として説明する必要はない。

4 **正しい**。宅地建物取引業者は、建物の売買の媒介を行う場合において、住宅の品質確保の促進等に関する法律５条１項に規定する住宅性能評価を受けた新築住宅であるときは、その旨を重要事項として説明しなければならないが、建物の貸借の媒介の場合においては重要事項として説明する必要はない（宅地建物取引業法35条１項14号、同施行規則16条の４の３第６号）。

国土交通省令・内閣府令等で定める説明事項

		売買		貸借	
		宅地	建物	宅地	建物
①	当該宅地又は建物が宅地造成及び特定盛土等規制法第45条第1項により指定された造成宅地防災区域内にあるときは、その旨	○	○	○	○
②	当該宅地又は建物が土砂災害警戒区域等における土砂災害防止対策の推進に関する法律第7条第1項により指定された土砂災害警戒区域内にあるときは、その旨	○	○	○	○
③	当該宅地又は建物が津波防災地域づくりに関する法律第53条第1項により指定された津波災害警戒区域内にあるときは、その旨	○	○	○	○
④	水防法施行規則第11条第1号の規定により当該宅地又は建物が所在する市町村長が提供する図面に当該宅地又は建物の位置が表示されているときは、当該図面における当該宅地又は建物の所在地	○	○	○	○
⑤	当該建物について、石綿の使用の有無の調査結果が記録されているときは、その内容	×	○	×	○
⑥	当該建物（昭和56年6月1日以降に新築の工事に着手したものを除く。）が建築物の耐震改修の促進に関する法律第4条第1項に基づく一定の者が行う耐震診断を受けたものであるときは、その内容	×	○	×	○
⑦	当該建物が住宅の品質確保の促進等に関する法律第5条第1項に規定する住宅性能評価を受けた新築住宅であるときは、その旨	×	○	×	×
⑧	台所、浴室、便所その他の当該建物の設備の整備の状況	×	×	×	○
⑨	契約期間及び契約の更新に関する事項	×	×	○	○
⑩	借地借家法に規定する定期借地権を設定しようとするとき、又は定期建物賃貸借を設定しようとするとき、もしくは高齢者の居住の安定確保に関する法律（いわゆる高齢者居住法）に基づく終身建物賃貸借であるときは、その旨	×	×	○	○
⑪	当該宅地又は建物の用途その他の利用の制限に関する事項	×	×	○	○
⑫	敷金その他いかなる名義をもって授受されるかを問わず、契約終了時において精算することとされている金銭の精算に関する事項	×	×	○	○
⑬	当該宅地又は建物（区分所有建物を除く。）の管理が委託されているときは、管理受託者の氏名・住所（法人の場合は商号又は名称・主たる事務所の所在地）	×	×	○	○
⑭	契約終了時における当該宅地上の建物の取壊しに関する事項を定めようとするときは、その内容	×	×	○	×

MEMO

問題 81

重要度 A　　難易度 ★☆☆　　Check! ✓

重要事項の説明

宅地建物取引業者Ａが行う宅地建物取引業法第35条に規定する重要事項の説明に関する次の行為のうち、宅地建物取引業法の規定に違反しないものの組合せはどれか。なお、Ａの相手方等は宅地建物取引業者ではないものとする。

ア　Ａは、取引物件が工事完了前の土地付建物であったので、完了時の形状、構造については説明したが、当該物件に接する道路の幅員については説明しなかった。

イ　Ａは、50万円未満の額の預り金を授受する場合の当該預り金の保全措置の概要を説明しなかった。

ウ　Ａは、マンション（区分所有建物）の一室の賃貸借を媒介するに際し、マンションの管理の委託を受けている者について、その氏名及び住所は説明したが、管理の内容については説明しなかった。

エ　Ａは、物件の契約の内容が建物の賃貸借であったので、私道に関する負担の有無について何も説明しなかった。

1　ア、イ、エ
2　ア、ウ、エ
3　ア、イ、ウ
4　イ、ウ、エ

解答・解説

ア　違反する。宅地又は建物が工事完了前のものであるときは、完了時における形状、構造のほか、宅地の場合には当該宅地に接する道路の構造、幅員も説明しなければならない（宅地建物取引業法35条1項5号、同施行規則16条）。

イ　違反しない。支払金、預り金の保全措置の概要は、説明すべき重要事項に該当するが、50万円未満のものは、説明する必要はない（宅地建物取引業法35条1項11号、同施行規則16条の3第1号）。

ウ　違反しない。管理が委託されている場合、委託を受けている者の氏名及び住所は重要事項として説明しなければならないが、その内容までは説明する必要はない（宅地建物取引業法35条1項6号、同施行規則16条の2第8号）。

エ　違反しない。建物の貸借の相手方は、敷地に関する制限や負担について直接制限等を受ける者ではないので、私道負担の有無について、重要事項として説明する必要はない（宅地建物取引業法35条1項3号）。

　以上より、宅地建物取引業法の規定に違反しないものは、イ、ウ、エであり、肢4が正解となる。

必勝合格 Check!

35条（取引物件に関する事項）

	売買		貸借	
	宅地	建物	宅地	建物
① 宅地又は建物の上に存する登記された権利の種類及び内容並びに登記名義人、又は、登記簿の表題部の所有者の氏名（法人の場合は名称）	○	○	○	○
② 都市計画法、建築基準法その他の法令に基づく制限で、契約内容の別に応じて政令で定めるものに関する事項の概要	○	○	○	○
③ 当該契約が「建物の貸借の契約以外のもの」であるときは、私道負担に関する事項	○	○	○	×
④ 飲用水・電気・ガスの供給施設、排水施設の整備状況。これらの施設が整備されていない場合は、整備の見通しと整備についての特別の負担に関する事項	○	○	○	○
⑤ 「未完成物件」の場合は、「完了時における形状・構造」その他国土交通省令・内閣府令で定める事項	○	○	○	○

重要事項の説明

宅地建物取引業者が行う宅地建物取引業法第35条に規定する重要事項の説明に関する次の記述のうち、正しいものはいくつあるか。なお、説明の相手方は宅地建物取引業者ではないものとする。

ア　建物の売買の媒介を行う場合、水防法施行規則第11条第1号の規定により当該建物が所在する市町村の長が提供する図面（水害ハザードマップ）に当該建物の位置が表示されているときは、当該図面における当該建物の所在地及び水害ハザードマップ上に記載された避難所を説明しなければならない。

イ　宅地の貸借の媒介を行う場合、私道に関する負担について説明する必要がある。

ウ　宅地の売買の媒介を行う場合、当該宅地が、全国新幹線鉄道整備法第11条第1項に基づく制限を受ける行為制限区域内にあるときはその旨を説明しなければならないが、宅地の貸借の媒介の場合は説明する必要はない。

エ　宅地の売買の媒介を行う場合、代金以外に授受される金銭の額及び当該金銭の授受の目的について説明しなければならない。

　　　　　1　一つ
　　　　　2　二つ
　　　　　3　三つ
　　　　　4　四つ

解答・解説

ア　誤り。水害ハザードマップに取引の対象となる宅地又は建物の位置が表示されているときは、当該図面における当該宅地又は建物の所在地について説明しなければならない（宅地建物取引業法35条1項14号、宅地建物取引業法施行規則16条の4の3第3号の2）。しかし、避難所については、併せてその位置を示すことが「望ましい」とされているが、説明しなければならないとはされていない（宅地建物取引業法の解釈・運用の考え方35条1項14号関係3の2）。

イ　正しい。私道に関する負担については、建物の貸借の契約以外の場合に重要事項説明事項である（宅地建物取引業法35条1項3号）。したがって、宅地の貸借の媒介では説明する必要がある。

ウ　誤り。宅地建物取引業者は、法令に基づく制限で契約内容の別に応じて政令で定めるものに関する事項の概要を説明しなければならない（宅地建物取引業法35条1項2号）。本肢の全国新幹線鉄道整備法第11条第1項は、政令で定められているものであるため、宅地については売買でも貸借でも説明する必要がある（宅地建物取引業法施行令3条1項26号、2項）。

エ　正しい。宅地又は建物の売買の媒介を行う場合、代金以外に授受される金銭の額及び当該金銭の授受の目的について説明しなければならない（宅地建物取引業法35条1項7号）。

　以上より、正しいものは、イとエの二つであり、肢2が正解となる。

83 重要事項の説明

宅地建物取引業者Aが売主B及び買主Cの依頼によりBが所有する宅地の売買契約について媒介を行う場合、宅地建物取引業法第35条に規定する重要事項の説明に関する次の記述のうち、誤っているものはいくつあるか。

ア　Aが、Aの媒介により売買契約が成立した場合の報酬額の説明を宅地建物取引業者でないCにしなかった場合、重要事項の説明義務に違反する。

イ　Aが、宅地建物取引業者であるCから、当該宅地について充分に調査してあるので説明を省略して構わない旨申出を受けたので、重要事項の説明をすべて省略した場合、重要事項の説明義務に違反しない。

ウ　Aは、Bが当該宅地に抵当権を設定していることを知っていたが、対抗力のない仮登記がされているにとどまるため、宅地建物取引業者でないCに対して説明しなかった場合、重要事項の説明義務に違反しない。

エ　Aが、当該売買が割賦販売によるものであるときに、宅地建物取引業者でないCに対して現金販売価格を説明したが、割賦販売価格を説明しなかった場合、重要事項の説明義務に違反する。

    1　一つ
    2　二つ
    3　三つ
    4　四つ

解答・解説

ア　誤り。宅地建物取引業者の受け取る報酬額は、説明すべき重要事項とは
されていない（宅地建物取引業法35条）。したがって、Cに対して媒介
の報酬額を説明しなかったＡの行為は、宅地建物取引業法35条に違反
しない。

イ　正しい。買主が宅地建物取引業者である場合、重要事項の説明は不要で
ある（宅地建物取引業法35条6項）。本肢Ａの行為は、宅地建物取引業
法35条に違反しない。

ウ　誤り。「当該宅地又は建物の上に存する登記された権利の種類及び内容
並びに登記名義人又は登記簿の表題部に記録された所有者の氏名（法人
にあっては、その名称）」は、重要事項として説明しなければならない
（宅地建物取引業法35条1項1号）。その「登記された権利」には、「抵
当権の本登記」だけではなく、「抵当権の仮登記」も含まれる。本肢Ａ
の行為は、宅地建物取引業法35条に違反する。

エ　正しい。割賦販売で売買する場合、現金販売価格も割賦販売価格も、説
明すべき重要事項である（宅地建物取引業法35条2項）。本肢Ａの行為
は、宅地建物取引業法35条に違反する。

　以上より、誤っているものは、ア、ウの二つであり、肢2が正解となる。

必勝合格Check!

割賦販売の特例

	売買		貸借	
	宅地	建物	宅地	建物
①現金販売価格	○	○	×	×
②割賦販売価格	○	○	×	×
③引渡しまでの金銭と賦払金の額・支払時期・方法	○	○	×	×

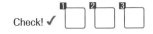
重要事項の説明

宅地建物取引業者が建物の売買の媒介を行う場合における宅地建物取引業法
（以下この問において「法」という。）第35条に規定する重要事項の説明に
関する次の記述のうち、正しいものはどれか。なお、特に断りのない限り、
当該建物を買おうとする者は宅地建物取引業者ではないものとする。

1　宅地建物取引士により記名された重要事項説明書及び添付書類を、重要
　事項の説明を受けようとする者にあらかじめ送付（電磁的方法による提
　供を含む。）することによって、テレビ会議等のITを活用して重要事
　項の説明を行うことはできない。

2　当該建物が新築の住宅であるときは、法第34条の2第1項第4号に規定
　する建物状況調査を実施しているかどうか、及びこれを実施している場
　合におけるその結果の概要を説明しなければならない。

3　飲用水・電気及びガスの供給並びに排水のための施設の整備の状況を説
　明しなければならないが、これらの施設が整備されていない場合には、
　その整備の見通しについては説明する必要はない。

4　当該建物が既存の住宅であるときは、設計図書、点検記録その他の建物
　の建築及び維持保全の状況に関する書類で国土交通省令で定めるものの
　保存の状況を説明すればよく、当該書類に記載されている内容まで説明
　する必要はない。

解答・解説

1　**誤り**。いわゆるＩＴ重説は、宅地建物の売買・交換又は宅地建物の売買・交換・貸借の代理・媒介に係る重要事項の説明においてすることができる（宅地建物取引業法の解釈・運用の考え方35条１項関係）。

2　**誤り**。当該建物が「既存」の住宅であるときは、建物状況調査（実施後１年を経過していないものに限る。ただし、一定の共同住宅等は２年。）を実施しているかどうか、及びこれを実施している場合におけるその結果の概要を説明しなければならない（宅地建物取引業法35条１項６号の２イ）。本肢は、新築の住宅について問うていることから、誤りである。

3　**誤り**。飲用水・電気及びガスの供給並びに排水のための施設の整備の状況を説明しなければならず、これらの施設が整備されていない場合には、その整備の見通し及び整備についての特別の負担に関する事項を説明しなければならない（宅地建物取引業法35条１項４号）。

4　**正しい**。既存住宅の売買をする場合、設計図書、点検記録その他の建物の建築及び維持保全の状況に関する書類で国土交通省令で定めるものの保存の状況を説明しなければならない（宅地建物取引業法35条１項６号の２ロ）。この場合、原則として、当該書類の有無を説明すればよく、当該書類に記載されている内容まで説明する必要はない（宅地建物取引業法の解釈・運用の考え方35条１項６号の２関係２）。

必勝合格Check!

既存の建物の場合

	売買	貸借
①　建物状況調査（実施後１年を経過していないものに限る。ただし、一定の共同住宅等は２年。）を実施しているかどうか、及びこれを実施している場合におけるその結果の概要	○	○
②　設計図書、点検記録その他の建物の建築及び維持保全の状況に関する書類で国土交通省令で定めるものの保存の状況	○	×

問題 85　重要事項の説明

宅地建物取引業者Aが自ら売主となって行う宅地又は建物の売買契約において宅地建物取引業法第35条の規定に基づく重要事項の説明を行った。この場合、次の記述のうち、同条の規定に違反するものはいくつあるか。なお、当該売買契約の買主は、宅地建物取引業者ではないものとする。

ア　Aは、手付金等の保全措置について、保全措置の有無、保全の方式及び保全機関名については説明したが、40万円の預り金についての保全措置については説明しなかった。

イ　Aは、中古マンションを売却するに際し、当該マンションの修繕の実施状況について当該マンションの管理組合及び管理業者に確認したところ、修繕の実施状況の記録が保存されていなかったため、買主にこの旨を説明し、実施状況については説明しなかった。

ウ　Aは、取引物件である宅地についての登記名義人は説明したが、当該宅地に係る金銭消費貸借契約に伴う抵当権の設定登記は抹消されていたので説明しなかった。

エ　Aは、取引物件である建物が種類又は品質に関して契約の内容に適合しない場合におけるその不適合を担保すべき責任に関し保証保険契約の締結等の措置を講ずるかどうかについて説明しなかった。

　　　　1　一つ
　　　　2　二つ
　　　　3　三つ
　　　　4　四つ

解答・解説

ア　違反しない。手付金等の保全に関する事項は、説明すべき重要事項であり、保全措置の有無、保全措置を講じる場合の保全の方式及び保全機関名を説明することとされている（宅地建物取引業法35条1項10号、宅地建物取引業法の解釈・運用の考え方35条1項10号関係）。また、支払金又は預り金についても、これと同様に保全措置の有無などが説明すべき重要事項とされているが、受領する額が50万円未満のものは、例外としてその対象から除かれている（宅地建物取引業法35条1項11号、同施行規則16条の3第1号）。

イ　違反しない。区分所有建物の維持修繕の実施状況が記録されているときは、その内容を説明しなければならないが、記録されていなければその必要はない（宅地建物取引業法35条1項6号、同施行規則16条の2）。

ウ　違反しない。取引物件の上に存する登記された権利の種類及び内容並びに登記名義人又は登記簿の表題部に記録された所有者の氏名は、説明すべき重要事項である。しかし、本肢の抵当権の登記は抹消されているため、これには当たらず、これを説明しなくても法第35条の重要事項の説明義務違反にはならない（宅地建物取引業法35条1項1号）。

エ　違反する。宅地建物が種類又は品質に関して契約の内容に適合しない場合におけるその不適合を担保すべき責任の履行に関し保証保険契約の締結その他の措置で国土交通省令・内閣府令で定めるものを講ずるかどうか、及びその措置を講ずる場合におけるその措置の概要は、説明すべき重要事項とされている（宅地建物取引業法35条1項13号）。

　以上より、違反するものは、エの一つであり、肢1が正解となる。

Check! ✓ 1 ☐ 2 ☐ 3 ☐

問題 86

重要度 A　難易度 ★★★

37条書面

宅地建物取引業法（以下この問において「法」という。）第37条の規定により交付すべき書面に記載すべき事項を電磁的方法により提供すること（以下この問において「37条書面の電磁的方法による提供」という。）に関する次の記述のうち、正しいものはいくつあるか。

ア　37条書面の電磁的方法による提供をする場合においては、提供に係る宅地建物取引士を明示しなければならない。

イ　宅地建物取引業者が自ら売主として締結する売買契約においては、当該契約の相手方から承諾を得なければ、37条書面の電磁的方法による提供をすることができないが、この承諾は口頭による承諾でもよい。

ウ　37条書面の電磁的方法による提供と同様に、法第35条に規定する重要事項を記載した書面の交付についても、一定の要件を満たせば、その書面の交付に代えて電磁的方法により提供することができる。

エ　宅地建物取引業者が媒介業者として関与する建物賃貸借契約について、37条書面の電磁的方法による提供を行う場合、当該提供するファイルに記録された記載事項について、改変が行われていないかどうかを確認することができる措置を講じなければならない。

      1　一つ
      2　二つ
      3　三つ
      4　四つ

解答・解説

ア 正しい。 宅地建物取引業者は、37条書面の交付に代えて、電磁的方法
により提供することができる（宅地建物取引業法37条４項、５項）。こ
の場合において、提供に係る宅地建物取引士が明示されていなければな
らない（宅地建物取引業法施行規則16条の４の12第２項４号）。

イ 誤り。 宅地建物取引業者が自ら売主となって、37条書面の電磁的方法
による提供をするには、相手方の承諾が必要であり、この承諾は書面又
は電子メール等、宅地建物取引業者がファイルへの記録を出力すること
により書面を作成することができるものでなければならない（宅地建物
取引業法37条４項１号、同施行令３条の４第１項、同施行規則16条の
４の15、宅地建物取引業法の解釈・運用の考え方37条４項関係１）。
したがって口頭による承諾は認められない。

ウ 正しい。 電磁的方法による提供は重要事項説明書についても認められて
いる（宅地建物取引業法35条８項、９項）。

エ 正しい。 電磁的方法により37条書面を提供する場合は、相手方におい
て、記載事項が改変されていないことを将来において確認できるよう、
電子署名等の方法により、記載事項が交付された時点と、将来のある時
点において、記載事項が同一であることを確認することができる措置を
講じることが必要である（宅地建物取引業法の解釈・運用の考え方37
条４項関係２第１文後段）。

　以上より、正しいものはア、ウ、エの三つであり、肢3が正解となる。

必勝合格Check!

37条書面の必要的記載事項（必ず記載）

	売買		貸借	
	宅地	建物	宅地	建物
① 当事者の氏名（法人の場合は名称）及び住所	○	○	○	○
② 宅地・建物を特定するために必要な事項（所在等）	○	○	○	○
③ 代金・交換差金・借賃の額、支払時期、支払方法	○	○	○	○
④ 宅地・建物の引渡し時期	○	○	○	○
⑤ 移転登記の申請時期	○	○	×	×
⑥ 既存の建物であるときは、建物の構造耐力上主要な部分等の状況について当事者の双方が確認した事項	×	○	×	×

37条書面

宅地建物取引業者が、その媒介により建物の貸借の契約を成立させた場合に、宅地建物取引業法（以下この問において「法」という。）第37条の規定に基づく契約内容を記載した書面において記載しなければならない事項以外のものは、次のうちどれか。なお、法第37条第5項の規定に基づく電磁的方法によるものは考慮しないものとする。

1　既存の建物であるときは、建物の構造耐力上主要な部分等の状況について当事者の双方が確認した事項
2　天災その他不可抗力による損害の負担に関する定めがあるときは、その内容
3　契約の解除に関する定めがあるときは、その内容
4　引渡しの時期

解答・解説

1 **記載事項でない**。既存の建物の売買・交換においては、建物の構造耐力上主要な部分等の状況について当事者の双方が確認した事項について記載しなければならない（宅地建物取引業法37条1項2号の2）。しかし、貸借においては、記載しなければならない事項ではない（宅地建物取引業法37条2項）。

2 **記載事項である**。天災その他不可抗力による損害の負担に関する定め、すなわち、危険負担の内容は、その定めがあるときには、記載しなければならない（宅地建物取引業法37条2項1号、1項10号）。このことは、売買・交換であるか、貸借であるかを問わない。

3 **記載事項である**。売買及び交換のみならず、貸借の場合も、契約の解除に関する定めがあるときには、その内容を記載しなければならない（宅地建物取引業法37条2項1号、1項7号）。

4 **記載事項である**。宅地又は建物の引渡しの時期は、37条の規定に基づく契約内容を記載した書面に記載しなければならない必要的記載事項である（宅地建物取引業法37条2項1号、1項4号）。

35条書面と37条書面

宅地建物取引業者は、宅地（工事の完了前）の売買を媒介し契約が成立した場合、宅地建物取引業法（以下この問において「法」という。）第37条の規定により、その契約の各当事者に書面を交付しなければならないが、次の事項のうち、当該書面に必ず記載しなければならないとされている事項の組合せとして正しいものはどれか。なお、この問において、法第37条第4項の規定による提供については考慮しないものとする。

ア　当該宅地上に存する登記された権利の種類及び内容並びに登記名義人又は登記簿の表題部に記録された所有者の氏名（法人にあっては、その名称）

イ　契約の解除に関する定めがあるときは、その内容

ウ　当該宅地が種類又は品質に関して契約の内容に適合しない場合におけるその不適合を担保すべき責任の履行に関して講ずべき保証保険契約の締結その他の措置について定めがあるときは、その内容

エ　当該宅地の完了時における形状、構造その他国土交通省令・内閣府令で定める事項

　　　　1　ア、イ
　　　　2　イ、ウ
　　　　3　イ、ウ、エ
　　　　4　ア、イ、ウ、エ

解答・解説

ア 記載事項ではない。 当該宅地上に存する登記された権利の種類及び内容並びに登記名義人又は登記簿の表題部に記録された所有者の氏名（法人にあっては、その名称）は、35条書面の記載事項であり、37条書面の記載事項ではない（宅地建物取引業法35条1項1号）。

イ 必ず記載しなければならない事項である。 契約の解除に関する定めがあるときは、その内容を37条書面に記載しなければならない（宅地建物取引業法37条1項7号）。

ウ 必ず記載しなければならない事項である。 当該宅地が種類又は品質に関して契約の内容に適合しない場合におけるその不適合を担保すべき責任の履行に関して講ずべき保証保険契約の締結その他の措置について定めがあるときは、その内容を37条書面に記載しなければならない（宅地建物取引業法37条1項11号）。

エ 記載事項ではない。 取引の対象となっている宅地建物が、宅地の造成、建築に関する工事の完了前のものであるときの、その完了時の形状、構造その他国土交通省令・内閣府令で定める事項は、35条書面の記載事項であり、37条書面の記載事項ではない（宅地建物取引業法35条1項5号）。

　以上より、必ず記載しなければならない事項は、イ、ウであり、肢2が正解となる。

35条書面と37条書面

宅地建物取引業者が媒介により建物の貸借の契約を成立させた場合に関する次の記述のうち、宅地建物取引業法（以下この問において「法」という。）の規定によれば、正しいものはどれか。なお、この問において「重要事項説明書」とは法第35条の規定により交付すべき書面をいい、「37条書面」とは法第37条の規定により交付すべき書面をいう。また、いずれの書面も電磁的方法によるものは考慮しないものとする。

1　損害賠償額の予定又は違約金に関する事項について定めがある場合、重要事項説明書にその旨記載し内容を説明する必要があるが、37条書面に記載する必要はない。

2　借賃に関する金銭の貸借のあっせんの内容及び当該あっせんに係る金銭の貸借が成立しないときの措置について、重要事項説明書にその旨記載し内容を説明する必要があり、37条書面にも、当該あっせんに係る金銭の貸借が成立しないときの措置を記載しなければならない。

3　契約の更新については、重要事項説明書にその旨記載し内容を説明したときも、37条書面に記載しなければならない。

4　当該建物の引渡しの時期について重要事項説明書に記載し説明する必要はないが、37条書面には記載しなければならない。

解答・解説

1　**誤り**。損害賠償額の予定又は違約金に関する事項については、定めがあるか否かを問わず、重要事項説明書に記載し説明する必要がある（宅地建物取引業法35条1項9号）。また、損害賠償額の予定又は違約金に関する定めがあるときは、37条書面にその内容を記載する必要がある（宅地建物取引業法37条2項1号、1項8号）。

2　**誤り**。金銭の貸借のあっせんに関する事項は売買又は交換の場合に問題となる事項であるため、建物の貸借では、重要事項説明書に記載する必要はない（宅地建物取引業法35条1項12号）。同様に、37条書面にも記載する必要はない（宅地建物取引業法37条2項）。

3　**誤り**。契約の更新については、重要事項説明事項であるため、重要事項説明書に記載し説明しなければならない（宅地建物取引業法35条1項14号、同法施行規則16条の4の3第8号）。しかし、37条書面に記載する必要はない。

4　**正しい**。引渡しの時期については、重要事項説明事項ではないため、重要事項説明書に記載する必要も説明する必要もない。しかし、37条書面には記載しなければならない（宅地建物取引業法37条2項1号、1項4号）。

自己の所有に属しない物件の売買契約締結の制限

自己の所有に属しない宅地又は建物につき、売買契約を締結する場合における次の記述のうち、宅地建物取引業法の規定によれば、誤っているものはどれか。

1　宅地建物取引業者Aは、自己の所有に属しない宅地を売却しようとする宅地建物取引業者でない売主Bの代理を行うことができる。

2　宅地建物取引業者Aは、自己の所有に属しない宅地であってAが当該宅地を取得する契約（予約を含む。）を締結していない場合、自ら売主となって、当該宅地を宅地建物取引業者でないCに売却することは一切できない。

3　宅地建物取引業者Aは、D所有の宅地を、AとDとの間で取得する契約を停止条件付きで締結している場合、自ら売主となって、当該宅地を宅地建物取引業者でないEに売却することはできない。

4　宅地建物取引業者Aが、自ら売主となって、他の宅地建物取引業者Fが所有する建物を宅地建物取引業者でないGに売却する場合、AF間で売買契約（予約を含む。）を締結していないときは、原則として、宅地建物取引業法に違反する。

解答・解説

1 **正しい。**宅地建物取引業者が、自ら売主として、自己の所有に属しない物件を売却する場合の制限であるから、自ら売主としてではなく、売主の代理を行うことはできる。

2 **誤り。**宅地建物取引業者は、他人の所有の宅地でも、宅地建物取引業者が当該宅地を取得できることが明らかな場合で国土交通省令・内閣府令で定めるとき、たとえば、開発許可により従前の公共施設用地を確実に取得できる場合には、自ら売主として売買契約を締結することが許される（宅地建物取引業法33条の2第1号、同施行規則15条の6）。

3 **正しい。**宅地建物取引業者は、他人の所有の宅地について、停止条件付きの取得契約の締結では、確実に物件を取得できるとは限らないので、自ら売主として売却することはできない（宅地建物取引業法33条の2第1号かっこ書）。

4 **正しい。**所有者が宅地建物取引業者であっても、買主である相手方Gが宅地建物取引業者でないので、ＡＧ間の売買契約は、宅地建物取引業法に違反する（宅地建物取引業法33条の2第1号）。

必勝合格Check!

他人物売買等の禁止

原則	宅建業者は、自己の所有に属しない物件（宅地・建物）につき、自ら売主として、売買契約（予約を含む。）をしてはならない。	例外	他人所有物件	他人物につき、取得契約（予約を含む。停止条件付きは不可。）をしていれば契約できる。
				国土交通省令・内閣府令で定める場合も契約できる。
			未完成物件	手付金等の保全措置を講じる場合又は保全措置を講じる必要がない例外に該当する場合には契約できる。

自己の所有に属しない物件の売買契約締結の制限

宅地建物取引業者Aが、B所有のマンション（建築工事完了済）をCに売却する場合に関する次の記述のうち、宅地建物取引業法の規定によれば、正しいものはいくつあるか。

ア　Cが宅地建物取引業者である場合、Aは、Bとの間で予約を含め当該マンションを取得する契約をしていないときでも、Cとの間で自ら売主として当該マンションの売買契約を締結することができる。

イ　Cが宅地建物取引業者でない場合、Aは、Bとの間で当該マンションについて売買契約を締結していればそれに停止条件が付されているときでも、Cとの間で自ら売主として当該マンションの売買契約を締結することができる。

ウ　Cが宅地建物取引業者でない場合、AがBとの間で予約を含めまったく譲渡契約をしていないときでも、Aは、Bの代理人として、Cとの間で当該マンションの売買契約を締結することができる。

　　　1　一つ
　　　2　二つ
　　　3　三つ
　　　4　なし

解答・解説

ア　正しい。 自己の所有に属しない宅地建物の売買契約締結の制限（宅地建物取引業法33条の2）は、宅地建物取引業者間の取引には適用がない（宅地建物取引業法78条2項）。したがって、Aは、B所有のマンションを自ら売主としてCに売却することができる。

イ　誤り。 宅地建物取引業者が、その宅地建物につき予約を含め取得する契約を締結している場合は、自己の所有に属しない宅地建物の売買契約を締結することができる（宅地建物取引業法33条の2）が、AB間の売買契約が停止条件付の場合は、取得できるかどうか確実とは言えないので、自ら売主となって、宅地建物取引業者でないCに当該マンションの売却をする契約を締結することはできない。

ウ　正しい。 自己の所有に属しない宅地建物の売買契約締結の制限（宅地建物取引業法33条の2）は、宅地建物取引業者が自ら売主となる場合の制限であるから、AがBの代理人としてCに当該マンションを売却することは、Cが宅地建物取引業者であるかどうかに関わりなく、許される。

　以上より、正しいものは、ア、ウの二つであり、肢2が正解となる。

問題 92　重要度 A　　難易度 ★★★　　 Check! ✓

クーリング・オフ

宅地建物取引業者Aが自ら売主となって、宅地をBに売買した場合における宅地建物取引業法第37条の２（事務所等以外の場所においてした買受けの申込みの撤回等）の規定による売買契約の解除に関する次の記述のうち、誤っているものはいくつあるか。

ア　Aが一団の宅地の分譲を行うために設置した土地に定着しない案内所で売買契約を締結したときには、宅地建物取引業者であるBは、当該契約を解除することができる。

イ　Aが宅地建物取引業法第37条の２の規定の適用について、売買契約の解除をすることができる旨及びその方法につき書面による説明をしていなければ、当該宅地の引渡しを受け、かつ、代金の全額を支払った宅地建物取引業者でないBは、当該契約を解除することができる。

ウ　Aが設置した土地に定着する建物内の案内所で売買契約を締結した場合、当該案内所に設置が義務づけられている専任の宅地建物取引士が現にいなければ、宅地建物取引業者でないBは、当該契約を解除することができる。

エ　宅地建物取引業者でないBの勤務先又はBの自宅で買受けの申込みがなされ、契約が締結された場合であれば、当該場所につきBの申出があったか否かを問わず、Bは、当該契約を解除することができる。

　　　　1　一つ
　　　　2　二つ
　　　　3　三つ
　　　　4　四つ

解答・解説

ア　誤り。買主も宅地建物取引業者である場合には、クーリング・オフの適用はなく（宅地建物取引業法78条2項）、BはAとの売買契約をクーリング・オフ制度により解除することはできない。

イ　誤り。クーリング・オフの適用がある場合でも、引渡しを受け、かつ、代金の全額の支払いをすると、契約解除することができなくなる（宅地建物取引業法37条の2第1項2号）。

ウ　誤り。売主である宅地建物取引業者が設置した土地に定着する建物内の案内所で、専任の宅地建物取引士を置くべきものにおいて締結した売買契約は、クーリング・オフ制度により解除することができない（宅地建物取引業法37条の2第1項、同施行規則16条の5第1号ロ）。この場合、設置が義務づけられている専任の宅地建物取引士が当該契約時にたまたま不在であったか否かにより、結論は左右されない（宅地建物取引業法の解釈・運用の考え方37条の2第1項関係1）。

エ　誤り。宅地建物取引業者の相手方がその自宅又は勤務する場所において売買契約に関する説明を受ける旨を申し出た場合の当該自宅又は勤務場所において買受けの申込みをなし、売買契約を締結した場合には、クーリング・オフ制度により解除することができない（宅地建物取引業法37条の2第1項、同施行規則16条の5第2号）。よって、Bの申出によってBの自宅又は勤務場所で買受けの申込みがなされ、契約が締結されたか否かにより、クーリング・オフ制度による解除ができる場合とできない場合があることになる。

　以上より、誤っているものは、ア、イ、ウ、エの四つであり、肢4が正解となる。

クーリング・オフ

宅地建物取引業者Ａが自ら売主として宅地建物取引業者でないＢと宅地の売買契約を締結した場合における宅地建物取引業法第37条の２の規定による売買契約の解除に関する次の記述のうち、誤っているものはどれか。

1　Ｂの買受けの申込みがＡから媒介の依頼を受けた他の宅地建物取引業者の土地に定着する建物内にある案内所で行われた場合、Ｂは当該売買契約を解除することができない。

2　当該契約が当該宅地の近くのレストランで締結され、Ａが売買契約の解除をすることができる旨及びその方法を書面で告げなかった場合でも、Ｂが当該宅地の引渡しを受け、かつ、その代金の全額を支払った場合、Ｂは当該売買契約を解除することができない。

3　当該売買契約がＡの事務所以外の場所で継続的に業務を行うことができる施設を有するものにおいて締結された場合、そこに専任の宅地建物取引士が不在であっても、Ｂは当該売買契約を解除することができない。

4　Ｂが、宅地の物件の説明をＡの事務所で受け、翌日出張先から電話で買受けを申し込み、後日勤務先の近くのレストランで売買契約を締結した場合、Ｂは当該売買契約を解除することができない。

解答・解説

1　**正しい。** 売主である宅地建物取引業者から媒介の依頼を受けた他の宅地建物取引業者の土地に定着する建物内にある案内所は、クーリング・オフ制度が適用されない場所に該当するので、買主は売買契約を解除することができない（宅地建物取引業法37条の2、同施行規則16条の5第1号ニ）。

2　**正しい。** 買主が宅地又は建物の引渡しを受け、かつ、代金の全額を支払った場合、たとえ売買契約の解除をすることができる旨及びその方法を書面で告げられていなかったとしても、もはや売買契約を解除することはできない（宅地建物取引業法37条の2）。

3　**正しい。** 売主である宅地建物取引業者の「事務所以外の場所で継続的に業務を行うことができる施設を有するもの」で売買契約を締結した場合、当該場所はクーリング・オフ制度が適用されない場所となる（宅地建物取引業法37条の2第1項、同施行規則16条の5第1号イ）。この場合、当該場所に専任の宅地建物取引士を設置しなければならないが、実際に専任の宅地建物取引士がいたか否かとクーリング・オフ制度の適用があるか否かとは関係がない（宅地建物取引業法の解釈・運用の考え方37条の2第1項関係1）。

4　**誤り。** 出張先から電話で買受けを申し込んだ場合は、事務所等以外の場所における買受けの申込みとなり、売買契約を解除することができる（宅地建物取引業法37条の2、同施行規則16条の5）。

必勝合格Check!

クーリング・オフの可否

買受けの申込場所	契約締結場所	クーリング・オフの可否
事務所	テント張り案内所	できない
ホテル	事務所	できる
買主申出の勤務先	料亭	できない
売主申出の自宅	喫茶店	できる
テント張り案内所	事務所	できる

94 クーリング・オフ

宅地建物取引業者であるＡが自ら売主として締結した建物の売買契約について、買主が宅地建物取引業法第37条の2の規定に基づき売買契約の解除をする場合に関する次の記述のうち、正しいものはどれか。

1　Ａが宅地建物取引業者でないＢと建物の売買契約を喫茶店で締結した際に、口頭で契約を解除できる旨とその方法を明確に説明した場合、Ｂは、その告げられた日から起算して8日が経過したときは、当該契約を解除することができない。

2　Ａが宅地建物取引業者でないＣと建物の売買契約をテント張りの現地案内所で締結し、その際に宅地建物取引士であるＡの従業者が宅地建物取引業法第35条に規定する重要事項の説明を行った場合、Ｃは、当該契約を解除することができない。

3　Ａが宅地建物取引業者であるＤと建物の売買契約をレストランで締結した場合、Ｄは、当該建物の引渡しを受けていても代金の全額を支払っていなければ、当該契約を解除することができる。

4　Ａが宅地建物取引業者でないＥから建物の購入の申込みをＡの事務所で受けたので、Ｅを現地に案内し、現地で売買契約を締結した場合、Ｅは、当該契約を解除することができない。

解答・解説

1 **誤り**。申込みの撤回等ができること及びその方法を書面で告げられた日から起算して8日が経過した場合には、申込みの撤回等ができなくなるが、口頭によって申込みの撤回等ができること及びその方法を告げられたにとどまる場合には、その告げられた日から起算して8日が経過しても、契約を解除することができる（宅地建物取引業法37条の2第1項1号、同施行規則16条の6）。

2 **誤り**。テント張りの現地案内所は、事務所等に該当しない。したがって、そこで締結された契約は解除することができる（宅地建物取引業法37条の2第1項、同施行規則16条の5第1号ロ）。

3 **誤り**。申込みの撤回等は、宅地建物取引業者間の取引には適用されない（宅地建物取引業法78条2項）。したがって、Dが宅地建物取引業者である以上、契約を解除することができない。

4 **正しい**。宅地建物取引業者の事務所で買受けの申込みをした以上、売買契約が建物のある現地で締結されたとしても、契約を解除することができない（宅地建物取引業法37条の2第1項）。

必勝合格 Check!

クーリング・オフ　その他のポイント

撤回等ができなくなるとき	① 書面で、申込みの撤回等ができる旨及びその方法を告知された日から起算して8日経過したとき ② 買主が、当該物件の「引渡し」を受け、かつ、「代金全額」を支払ったとき
撤回等の効力発生時期及び効果	書面により、撤回等の意思表示を発した時 → 撤回等の効力発生 ↓ ①業者 － 損害賠償・違約金の請求不可 ②業者 － 速やかに、既に受領した手付金等の返還が必要
特約	以上の点につき、申込者等に不利な特約は無効

問題 95 重要度 A　難易度 ★☆☆　Check! ✓

担保責任の特約の制限

宅地建物取引業者Aが、自ら売主として締結する売買契約に関する次の記述のうち、宅地建物取引業法（以下この問において「法」という。）及び民法の規定によれば、誤っているものはどれか。

1　Aが宅地建物取引業者であるBとの間で締結する宅地の売買契約において、Aは当該建物の種類又は品質に関して契約の内容に適合しない場合におけるその不適合を担保すべき責任を一切負わないとする特約を定めた場合、この特約は有効となる。

2　Aが宅地建物取引業者ではないCとの間で締結する宅地の売買契約において、当該宅地の種類又は品質に関して契約の内容に適合しない場合でも、その不適合がCの責めに帰すべき事由によるものであるときは、Cは、履行の追完の請求をすることができない旨の特約を定めた場合、この特約は有効となる。

3　Aが宅地建物取引業者ではないDとの間で締結する宅地の売買契約において、当該宅地の種類又は品質に関して契約の内容に適合しない場合、Dがその不適合を知った時から6か月以内にその旨をAに通知しないときは、Dは、その不適合を理由として、損害賠償の請求をすることができない旨の特約を定めた。この場合、当該特約は無効となり、Aが当該責任を負う期間は当該宅地の引渡日から2年となる。

4　Aが宅地建物取引業者ではないEとの間で締結する宅地の売買契約において、当該宅地の種類又は品質に関して契約の内容に適合しない場合でも、その不適合が契約その他の債務の発生原因及び取引上の社会通念に照らしてAの責めに帰することができない事由によるものであるとき、Eは損害賠償請求をすることができない旨の特約を定めた場合、この特約は有効となる。

解答・解説

1 **正しい**。宅地建物取引業者は、自ら売主となる宅地又は建物の売買契約において、その目的物が種類又は品質に関して契約の内容に適合しない場合におけるその不適合を担保すべき責任に関し、民法に規定するものより買主に不利となる特約をしてはならない（宅地建物取引業法40条1項）。この規定は、宅地建物取引業者相互間の取引には適用されない（宅地建物取引業法78条2項）。本肢では、買主が宅地建物取引業者であるため、民法の規定より不利となる特約であっても有効となる。

2 **正しい**。民法上、契約不適合が買主の責めに帰すべき事由によるものであるときは、買主は、履行の追完の請求をすることができない（民法562条2項）。したがって、本肢の特約は民法に規定するものより買主に不利となるものではないため、有効となる。

3 **誤り**。民法上、種類又は品質に関する契約不適合の通知期間はその不適合を知ったときから1年間とされているため、本肢の特約は民法の規定より不利なものとなる（民法566条）。よって、当該特約は無効となり、民法の規定が適用されることとなる。当該宅地の引渡日から2年となるわけではない。

4 **正しい**。民法上、契約不適合が契約その他の債務の発生原因及び取引上の社会通念に照らして債務者の責めに帰することができない事由によるものであるときは、買主は、損害賠償請求をすることができない（民法415条1項）。したがって、本肢の特約は民法に規定するものより買主に不利となるものではないため、有効となる。

担保責任の特約の制限

宅地建物取引業者Aが自ら売主として、宅地建物取引業者でないBと中古建物の売買契約を締結する場合に関する次の記述のうち、宅地建物取引業法の規定に違反するものはいくつあるか。なお、物件の引渡しの日は、契約締結の日の2か月後とする。

ア　AとBは、「当該物件が種類又は品質に関して契約の内容に適合しない場合において、Bがその旨をAに通知する期間を当該建物の売買契約を締結してから2年間とする。」旨の特約を定めた。

イ　AとBは、「Aは当該物件を現状有姿で引き渡し、種類又は品質に関する契約不適合責任を一切負わないものとする。」旨の特約を定めた。

ウ　AとBは、「当該物件が種類又は品質に関して契約の内容に適合しなくても、その不適合がAの責めに帰することができるものでないときは、種類又は品質に関する契約不適合責任を負わない。」旨の特約を定めた。

   1　一つ
   2　二つ
   3　三つ
   4　なし

解答・解説

ア　違反する。 宅地建物取引業者は、自ら売主となる宅地又は建物の売買契約において、その目的物が種類又は品質に関して契約の内容に適合しない場合におけるその不適合を担保すべき責任に関し、通知期間についてその目的物の引渡しの日から2年以上となる特約をする場合を除き、民法が規定するものより買主に不利となる特約をしてはならない（宅地建物取引業法40条1項）。本肢特約は、通知期間について「売買契約を締結してから2年間」としており、引渡しの日から1年10か月とするもので、法定の例外にあたらず、かつ、民法の規定よりも買主に不利であることから、宅地建物取引業法の規定に違反する。

イ　違反する。 本肢において、現状有姿で引き渡すとする特約は、これだけをもって直ちに買主に不利となる特約ということはできないので有効である。これに対し、種類又は品質に関する契約不適合責任を一切負わないものとする特約は、民法の規定よりも買主に不利であることから、宅地建物取引業法の規定に違反する。

ウ　違反する。 追完請求や代金減額請求、契約の解除は、売主の帰責性の有無に関わらず、その不適合を理由として請求できるので、「その不適合がAの責めに帰することができるものでないときは、種類又は品質に関する契約不適合責任を負わない」旨の特約は、民法の規定よりも買主に不利であることから、宅地建物取引業法の規定に違反する。

　以上より、違反するものは、ア、イ、ウの三つであり、肢3が正解となる。

手付金等の保全

宅地建物取引業者Aが自ら売主となって、宅地建物取引業者でない買主Bと建築工事完了前のマンションを4,000万円で販売する場合において、AがBから受領する手付金等に関する次の記述のうち、宅地建物取引業法の規定によれば、誤っているものはいくつあるか。なお、この問において「保全措置」とは、同法第41条第1項の規定による手付金等の保全措置をいう。

ア　Aは保全措置を講ずることとした場合、Bから手付金として900万円を受領することができる。

イ　Aが手付金として200万円を受領した後、さらに代金の一部として200万円を受領しようとする場合、400万円について保全措置を講じなければならない。

ウ　AがBから手付金を受領している場合、BはAが保全措置を講じた後は、Aが契約の履行に着手していなくても、手付金を放棄して契約を解除することはできない。

エ　Bが当該マンションについて所有権の登記をした場合、Aは保全措置を講ずる必要はない。

　　　　　1　一つ
　　　　　2　二つ
　　　　　3　三つ
　　　　　4　四つ

解答・解説

ア **誤り**。宅地建物取引業者は、自ら売主となる宅地又は建物の売買契約の締結に際して、宅地建物取引業者でない買主から代金額の2割を超える額の手付を受領することができない（宅地建物取引業法39条1項）。

イ **正しい**。未完成物件の場合、手付金等の額が代金の額の5％を超えるとき又は1,000万円を超えるときは、それを受領する前に保全措置を講じなければならない。そして、手付金等の保全措置を講じなければならないのは、すでに受領した額との合算額である（宅地建物取引業法41条1項ただし書、同施行令3条の3）。

ウ **誤り**。Bは、Aが契約の履行に着手するまでは、手付金を放棄して契約を解除することができる（宅地建物取引業法39条2項）。保全措置を講じたからといって、手付解約ができなくなるわけではない。

エ **正しい**。宅地建物について買主が所有権の登記をしたときは、手付金等の保全措置を講ずる必要はない（宅地建物取引業法41条1項ただし書）。

　以上より、誤っているものは、ア、ウの二つであり、肢2が正解となる。

重要度 A　　難易度 ★★☆

手付金等の保全

宅地建物取引業者Aは、自ら売主として、宅地建物取引業者でないBと建築工事完了前の分譲住宅の売買契約（代金5,000万円、手付金250万円、中間金250万円）を締結した。この場合に、宅地建物取引業法の規定によれば、次の記述のうち誤っているものはどれか。

1　Aは、手付金を受け取る時点では、宅地建物取引業法第41条に規定する手付金等の保全措置（以下この問において「保全措置」という。）を講じる必要はない。

2　売買契約で手付金が解約手付であることを定めておかなかった場合でも、Aが契約の履行に着手していなければ、Bは、手付を放棄して契約の解除をすることができる。

3　売買契約で「手付放棄による契約の解除は、契約締結後30日以内に限る」旨の特約をしていた場合でも、契約締結から45日経過後にAが契約の履行に着手していなければ、Bは、手付を放棄して契約の解除をすることができる。

4　契約締結時の2か月後で分譲住宅の引渡し及び登記前に、Aが中間金を受け取る場合で、中間金を受け取る時点では当該分譲住宅の建築工事が完了していたとき、Aは、手付金及び中間金について保全措置を講じる必要はない。

解答・解説

1 **正しい。**宅地建物取引業者は、建築に関する工事の完了前において行う当該工事に係る建物の売買で自ら売主となり、宅地建物取引業者でない者が買主となるものに関しては、保全措置を講じた後でなければ、買主から手付金等を受領してはならない。ただし、受領しようとする手付金等の額が代金の額の5％以下であり、かつ、1,000万円以下であるときは、この限りでない（宅地建物取引業法41条1項、同施行令3条の3）。手付金250万円は、代金5,000万円の5％（250万円）丁度であり超えるものではない。よって、Aは、この手付金250万円を受け取る時点では、保全措置を講じる必要はない。

2 **正しい。**宅地建物取引業者は、自ら売主となり、宅地建物取引業者でない者が買主となる宅地又は建物の売買契約の締結に際して手付を受領したときは、その手付がいかなる性質のものであっても、当事者の一方が契約の履行に着手するまでは、買主はその手付を放棄して、当該宅地建物取引業者はその倍額を現実に提供して、契約の解除をすることができる（宅地建物取引業法39条2項）。よって、解約手付であることを定めておかなかった場合でも、Aが契約の履行に着手していなければ、Bは、手付を放棄して契約の解除をすることができる。

3 **正しい。**本問手付は、いかなる性質のものであっても、解約手付の性質を有し、交付したBは、Aが契約の履行に着手するまでは、その手付を放棄して契約の解除をすることができ（宅地建物取引業法39条2項）、これに反する特約で、Bに不利なものは、無効である（宅地建物取引業法39条3項）。本肢特約は、Aが契約の履行に着手していなくても、契約締結後30日を経過すれば、Bは契約の解除をすることができなくなる旨の特約であり、Bにとって不利なものといえ、無効である。よって、Bは、契約締結から45日経過後でも、Aが契約の履行に着手していなければ、手付を放棄して契約の解除をすることができる。

4 **誤り。**宅地建物取引業者は、未完成物件売買において、保全措置を講じた後でなければ、代金の額の5％又は1,000万円を超える額の手付金等（既に受領した手付金等があるときは、その額を加えた額）を受領してはならない（宅地建物取引業法41条1項、同施行令3条の3）。このとき、工事が完了しているか否かについては、売買契約時において判断す

る（宅地建物取引業法の解釈・運用の考え方41条1項関係）。そこで、売買契約時に未完成物件であれば、工事完了後に手付金等を受領する場合であっても、それが代金の額の5％又は1,000万円を超える額となるときは、保全措置を講じる必要がある。本問Aは、工事の完了前の建物につき売買契約を締結している。そのAが、工事完了後に中間金250万円を受領しようとするものであるが、既に受領した手付金250万円を加えると500万円となり、代金5,000万円の5％（250万円）を超える額の手付金等を受領することとなる。よって、Aは、この中間金250万円を受領するにあたっては、手付金及び中間金について保全措置を講じる必要がある。

必勝合格Check!

手付金等の保全措置

	保全措置が不要な場合			保全措置の方法
未完成物件	受領額が、代金額の5％以下かつ1,000万円以下	又は	買主が所有権移転登記又は所有権保存登記を備えた場合	①保証委託契約②保証保険契約
完成物件	受領額が、代金額の10％以下かつ1,000万円以下	は		①保証委託契約②保証保険契約③手付金等寄託契約等

M E M O

問題 99

手付金等の保全

宅地建物取引業者Aがその所有する建物（完成物件）を自ら売主となって宅地建物取引業者でない買主Bに売却した場合に関する次の記述のうち、宅地建物取引業法の規定によれば、正しいものはどれか。

1 Bが契約の申込みの撤回を行うに際し、Aが既に受領した預り金を返還することを拒んだ場合、Aは、免許を取り消されることがあるが、罰則の適用を受けることはない。

2 AがBから受領しようとする手付が代金の額の10％を超え、かつ、1,000万円を超える場合、Aは、いかなる場合も手付金等の保全措置を講じなければならない。

3 Bが手付を放棄して契約の解除を行うに際し、Aは、自ら契約の履行に着手した後であっても、Bの契約の解除を拒むことができない。

4 AがBに対し手付を貸し付けることにより契約の締結を誘引した場合でも、実際に契約が締結されなければ、宅地建物取引業法に違反しない。

解答・解説

1 **正しい。**宅地建物取引業者又はその代理人、使用人その他の従業者は、宅地建物取引業者の相手方等が契約の申込みの撤回を行うに際し、既に受領した預り金を返還することを拒んではならない（宅地建物取引業法47条の2第3項、同施行規則16条の12）。この規定に違反した者は、監督処分として、業務の停止を命ぜられる場合があるほか、情状が特に重いときは免許取消処分に処せられるが、罰則の定めはない（宅地建物取引業法65条2項、66条1項、79条以下）。

2 **誤り。**買主への所有権移転登記がなされたとき、又は買主が所有権の登記をしたときは、手付金等の保全措置を行う必要はない（宅地建物取引業法41条の2第1項ただし書）。

3 **誤り。**宅地建物取引業者等は、宅地建物取引業者の相手方等が手付を放棄して契約の解除を行うに際し、正当な理由なく、その契約の解除を拒み、又は妨げる行為をしてはならないが（宅地建物取引業法47条の2第3項、同施行規則16条の12第3号）、本肢の場合は、Aが契約の履行に着手しているので、Bの手付放棄による契約の解除は認められない（宅地建物取引業法39条、同施行規則16条の12）。

4 **誤り。**宅地建物取引業者は、手付について貸付けその他信用の供与をすることにより契約の締結を誘引する行為をしてはならない（宅地建物取引業法47条3号）。実際に契約が締結されなくても同様である。

自ら売主の規制（総合）

宅地建物取引業者Ａが自ら売主として買主Ｂと行った宅地の売買契約に関する次の記述のうち、宅地建物取引業法の規定によれば、誤っているものはいくつあるか。なお、買主Ｂは宅地建物取引業者ではないものとする。

ア　Ａは、宅地について売買契約が成立した場合は、Ｂに対し、遅滞なく、宅地建物取引士の記名のある書面を交付しなければならず、契約の解除に関する定めがないときでも、その旨をその書面に記載しなければならない。

イ　Ａは、宅地の売買契約の締結に際してＢから手付の交付を受けている場合、Ｂが契約の履行に着手するまでは、受領した手付を現実に提供して契約を解除することができる。

ウ　ＡＢ間の契約が割賦販売の契約である場合において、Ａは、Ｂが賦払金の支払義務を履行しないときでも、30日以上の相当の期間を定め書面又は口頭で支払いを催告し、その期間内に支払いのない場合でなければ、支払いの遅滞を理由として契約を解除することはできない。

  1　一つ
  2　二つ
  3　三つ
  4　なし

解答・解説

ア　誤り。宅地建物取引業者が、契約の相手方に交付すべき書面には、契約の解除に関する定めがあるときは、その内容を記載しなければならないが、特に定めがなければ、記載する必要はない（宅地建物取引業法37条1項7号）。

イ　誤り。宅地建物取引業者が自ら売主となる宅地建物の売買契約において、宅地建物取引業者が買主から手付の交付を受けている場合、この手付は常に解約手付の性質を持つとされ、宅地建物取引業者は買主が契約の履行に着手するまでであれば、受領した手付の倍額を現実に提供して契約を解除することができる（宅地建物取引業法39条2項）。

ウ　誤り。宅地建物取引業者が自ら売主となる宅地建物の割賦販売契約において、買主が契約どおり賦払金を支払わない場合であっても、30日以上の相当の期間を定めて支払いを「書面」で催告し、その期間内に履行されないのでなければ、賦払金の支払いのないことを理由として、契約を解除することはできない（宅地建物取引業法42条2項）。

　以上より、誤っているものは、ア、イ、ウの三つであり、肢3が正解となる。

問題 101

重要度 A　　難易度 ★☆☆　　Check! ✓　1 □　2 □　3 □

自ら売主の規制（総合）

宅地建物取引業者Ａが自ら売主となって宅地建物取引業者でないＢとの間で建物の売買契約を締結する場合に関する次の記述のうち、宅地建物取引業法の規定によれば、誤っているものはどれか。なお、代金は3,000万円とする。

1　当該建物が建築工事完了前のものであり、建築基準法第6条に規定する確認の申請中である場合、Ａが手付金等の保全措置を講じて初めて、Ａは、Ｂとの間で、当該建物について売買契約を締結することができる。

2　ＡＢ間の契約で、当事者の債務不履行を理由とする契約の解除に伴う損害賠償額を700万円と予定した場合、100万円について無効とされる。

3　Ａは、Ｂとの間で割賦販売の契約を締結し、引渡しを終えたが、Ｂが300万円しか支払っていないことから、建物の所有権の登記をＡ名義のままにしておいた。Ａの行為は、宅地建物取引業法に違反しない。

4　ＡＢ間の契約で、当該建物が種類又は品質に関して契約の内容に適合しない場合において、Ｂがその旨をＡに通知する期間を当該建物の引渡しの日から1年までとする特約をした場合、Ｂが種類又は品質に関して契約の内容に適合しない旨をＡに通知する期間は、Ｂが不適合を知ったときから1年とされる。

解答・解説

1 **誤り。**当該建物が建築工事完了前のものであるときは、建築基準法6条に規定する確認があるまでは、売買等の契約を締結してはならない（宅地建物取引業法36条）。手付金等の保全措置を講じる場合であっても、同様である。

2 **正しい。**損害賠償額の予定は、売買代金額の2割を超えることができないが、これを超えた場合には、超えた部分について無効となる（宅地建物取引業法38条）。売買契約全体が無効となるわけではないことに注意。

3 **正しい。**宅地建物取引業者は、自ら売主となる宅地又は建物の割賦販売契約においては、代金の額の10分の3を超える額の金銭の支払を受けるまでは、所有権留保が可能である（宅地建物取引業法43条1項かっこ書）。本肢において、買主Bが支払った金額は、代金の額の10分の3を超えていないため所有権の登記をA名義のままにしておいても、宅地建物取引業法に違反しない。

4 **正しい。**宅地建物取引業者が自ら売主となる宅地建物の売買契約において、その目的物の契約不適合責任に関し、民法に規定する通知期間について、目的物の引渡しの日から2年以上とする場合を除いて、同条に規定するものより買主に不利となる特約をしてはならない（宅地建物取引業法40条1項）。したがって、種類又は品質に関して契約の内容に適合しない旨を通知する期間を物件の引渡しの日から1年までとする特約をした場合、その特約は無効となり、民法の規定が適用され、その通知期間は不適合を知った時から1年とされる。

報酬

宅地建物取引業者A（消費税課税事業者）は売主から土地付建物の売却の代理の依頼を受け、宅地建物取引業者B（消費税課税事業者）は買主から戸建住宅の購入の媒介の依頼を受け、売買契約を成立させた。この場合における次の記述のうち、宅地建物取引業法の規定に違反するものはいくつあるか。なお、土地付建物の代金は5,200万円（うち、土地代金は3,000万円）で、消費税額及び地方消費税額を含むものとする。

ア　Aは売主から171万5,000円の報酬を受領し、Bは買主から171万7,000円の報酬を受領した。

イ　Aは売主から169万6,000円の報酬を受領したほか、売主からの依頼によって行った広告料金5万円を受領し、Bは買主から171万6,000円の報酬を受領した。

ウ　Aは売主から343万2,000円の報酬を受領し、Bは買主から公正証書による承諾を得たうえで171万6,000円の報酬を受領した。

   1　なし
   2　一つ
   3　二つ
   4　三つ

解答・解説

報酬額の計算にあたり、まず消費税相当額を除いた代金を求める必要がある。本問では、「土地付建物の代金は5,200万円（うち、土地代金は3,000万円）で、消費税額及び地方消費税額を含むものとする。」とあるが、土地に消費税は課税されないため、建物代金2,200万円につき消費税額及び地方消費税額を除くこととなる。2,200万円÷1.1＝2,000万円となり、土地代金3,000万円を加えた5,000万円が報酬額の算定の基礎となる。

まず、媒介における報酬限度額を求める。（5,000万×0.03＋6万円）×1.1＝171万6,000円となり、これが媒介における報酬限度額である。次に、代理における報酬限度額を求める。171万6,000円×2＝343万2,000円となり、これが代理における報酬限度額となる。さらに、複数の宅地建物取引業者が関与する場合、それぞれの業者が受領する金額の合計額が媒介の2倍を超えてはならない。したがって、本問ではAとBの合計額が343万2,000円を超えてはならない（宅地建物取引業法46条、国土交通省告示第二、第三）。

ア　違反する。 Bは171万6,000円を超える金額を受領することができないため、宅地建物取引業法の規定に違反する。

イ　違反しない。 ABいずれも、受領できる金額の範囲内であり、さらに、AとBの合計額は341万2,000円であることから、いずれも報酬限度額の範囲内となっている。また、依頼者の依頼によって行う広告の料金は報酬と別に受け取ることができる（国土交通省告示第九）。したがって、宅地建物取引業法の規定に違反しない。

ウ　違反する。 AとBの合計額が514万8,000円となっており、宅地建物取引業法の規定に違反する。なお、公正証書による承諾があったとしても、結論は同じである。

　以上より、違反するものは、アとウの二つであり、肢3が正解となる。

重要度 A　　難易度 ★★☆

問題 103　報酬

宅地建物取引業者Ａが受領することができる報酬に関する次の記述のうち、宅地建物取引業法の規定によれば、正しいものはいくつあるか。

ア　Ａは、居住用の建物の賃貸借の媒介をする場合において、権利金（権利設定の対価として支払われる金銭であって返還されないものとする。）の授受があるときは、その権利金を売買代金とみなして算出した額の報酬を受領することができる。

イ　Ａは、低廉な空家等の売買又は交換の媒介をした場合に、通常の売買又は交換の媒介と比較して現地調査等の費用を要するものであっても、当該費用に相当する額を受領することはできない。

ウ　Ａは、国土交通大臣が定める報酬の額を、事務所及び一団の宅地建物の分譲を行う土地に定着する建物内にある案内所ごとに、公衆の見やすい場所に掲示しなければならない。

エ　Ａが、国土交通大臣が定めた額を超えて不当に高額の報酬を取引の相手方に要求した場合、実際には、国土交通大臣が定める報酬の限度額しか受領しなかったときでも、宅地建物取引業法に違反する。

　　　　1　一つ
　　　　2　二つ
　　　　3　三つ
　　　　4　四つ

解答・解説

ア　**誤り。** 権利金を売買代金とみなして報酬を算出することができるのは、宅地又は居住用建物以外の建物賃貸借の媒介、代理の場合である（告示6）。居住用建物の賃貸借の場合は除かれている。

イ　**誤り。** 低廉な空家等（400万円以下の金額の宅地又は建物をいう。消費税等相当額を含まない。）の売買又は交換の媒介をした場合に、通常の売買又は交換の媒介と比較して現地調査等の費用を要するものについては、一定の範囲内に限り、当該費用に相当する額を受領することができる（告示7）。

ウ　**誤り。** 宅地建物取引業者は、国土交通大臣の定める報酬の額を事務所ごとに公衆の見やすい場所に掲示しなければならない。案内所にはその必要はない（宅地建物取引業法46条4項）。

エ　**正しい。** 不当に高額の報酬を要求すると、実際に国土交通大臣が定める報酬の限度額しか受領しなかったときでも、宅地建物取引業法に違反し、業務停止、免許取消し（情状が特に重いとき）、1年以下の懲役もしくは100万円以下の罰金又はこれらの併科に処せられる（宅地建物取引業法47条2号、65条、66条、80条）。

　以上より、正しいものは、エの一つであり、肢1が正解となる。

報酬

宅地又は建物の貸借の代理又は媒介に際し、宅地建物取引業者（いずれも消費税課税事業者）が受けることができる報酬額に関する次の記述のうち、宅地建物取引業法の規定によれば、正しいものはどれか。

1　宅地建物取引業者が貸主及び借主双方から媒介の依頼を受けて、1か月の借賃22万円（消費税額及び地方消費税額を含む。）、権利金220万円（権利設定の対価として支払われるもので、返還されない。消費税額及び地方消費税額を含む。）の店舗用建物の貸借契約を成立させた場合、貸主及び借主から22万円ずつ、合計44万円の報酬を受けることができる。

2　宅地建物取引業者が居住用建物の貸借の代理に関して、依頼者から受けることができる報酬の上限額は、依頼者の承諾を得ていなければ、借賃の0.55か月分である。

3　宅地建物取引業者が貸主と借主の双方から媒介の依頼を受けて、1か月の借賃50万円、権利金2,000万円（権利設定の対価として支払われるもので、返還されない。）の宅地の貸借契約を成立させた場合、貸主から60万円の報酬を受けることができる。

4　宅地建物取引業者が貸主から代理の依頼を、借主から媒介の依頼を、それぞれ受けて、宅地の貸借契約を成立させた場合、依頼者双方から受けることができる報酬の上限額は、借賃の2.2か月分である。

解答・解説

1　**誤り**。消費税課税事業者が貸借の媒介をした場合に依頼者双方から受領できる報酬限度額は、「借賃の1.1か月分」であるから（告示4）、本肢の場合、依頼者双方からの報酬受領限度額は、20万円（税抜き価格）×1.1＝22万円になる。また、宅地又は建物（居住用建物を除く。）の賃貸借に際し、権利金（権利の設定の対価として支払われる金銭で返還されないもの）の授受があったときは、権利金を売買代金とみなして、報酬額を計算できるが（告示6）、かかる計算でも、当事者の一方から（権利金200万円（税抜き価格）×5％）×1.1＝11万円までしか受けることができない。

2　**誤り**。消費税課税事業者が建物の貸借の「代理」に関して依頼者から受けることのできる報酬の限度額（相手方からは受領しない場合）は、「媒介」の場合と異なり、「居住用建物」であっても、依頼者の承諾にかかわらず、当該建物の借賃の1か月分の1.1倍に相当する金額以内である（告示5）。

3　**正しい**。肢1の解説で述べたとおり、宅地又は建物（居住用建物を除く。）の貸借に際し、権利金（権利の設定の対価として支払われる金銭で返還されないもの）の授受があったときは、権利金を売買代金とみなして、報酬額を計算できるから（告示6）、本肢の場合、当事者の一方からの報酬受領限度額は、（権利金2,000万円（税抜き価格）×3％＋6万円）×1.1＝72万6,000円である。

4　**誤り**。消費税課税事業者が貸借の代理に関して依頼者から受けることのできる報酬の限度額は、借賃の1か月分の1.1倍に相当する金額以内であり、相手方からも報酬を受ける場合は、その報酬の額と代理の依頼者から受ける報酬の額の合計額が借賃の1か月分の1.1倍に相当する金額を超えてはならない（告示5）。

報酬

宅地建物取引業者Ａが単独で又は宅地建物取引業者Ｂと共同して、甲乙間に契約を成立させて報酬を受領した場合に関する次の記述のうち、宅地建物取引業法に違反しないものの組合せはどれか。ただし、Ａ、Ｂは消費税の課税事業者である。

ア　甲所有の宅地3,000万円、建物2,200万円（消費税込み）の売買について、甲から媒介の依頼を受けたＡと乙から媒介の依頼を受けたＢとが共同して売買契約を成立させ、Ａが甲から171万6,000円、Ｂが乙から171万6,000円を受領した。

イ　甲所有の店舗用建物について、甲・乙から媒介の依頼を受けたＡが、甲と借主乙との間に、賃貸借契約（賃料35万円、保証金1,000万円。この保証金は、乙の退去時に乙に返還するものとする。）を成立させ、Ａが甲・乙双方から合計39万円を受領した。

ウ　甲所有の宅地2,000万円と乙所有の宅地1,500万円の交換について、甲から媒介の依頼を受けたＡと、乙から媒介の依頼を受けたＢとが共同して交換契約を成立させ、Ａが甲から72万6,000円、Ｂが乙から72万6,000円を受領した。

　　　1　ア、イ
　　　2　ア、ウ
　　　3　イ、ウ
　　　4　ア、イ、ウ

解答・解説

ア　違反しない。建物価格には消費税が含まれているので控除しなければならない。2,200万円÷1.1＝2,000万円。3,000万円＋2,000万円＝5,000万円が報酬額の計算の基礎となる。したがって、5,000万円×3％＋6万円＝156万円となり、A、Bともに消費税の課税事業者であるから、156万円に消費税分として10％を加えた額が報酬の限度額となる（告示2）。よって、156万円×1.1＝171万6,000円となる。

イ　違反する。賃貸借であるから、Aが受け取ることのできる報酬額の上限は賃料の1か月分の1.1倍である。非居住用建物である場合に、賃貸借終了時に返還されない権利金があるときは、その権利金を売買代金とみなして報酬の限度額の計算をすることができ、その場合には、借賃の1か月分又は権利金を売買代金とみなして算出した額のいずれかを報酬として請求してもよい。しかし、本肢保証金は返還されるものであるから、Aは、甲・乙双方から合計で、賃料1か月分の35万円に消費税の10％を加えた38万5,000円しか請求することができない（告示4、6）。

ウ　違反しない。交換の場合に、交換物件の価格に差があるときは、いずれか高い方の価格で計算することができる（告示2）。したがって、2,000万円が報酬額の計算の基礎になる。2,000万円×3％＋6万円＝66万円となり、A、Bともに課税事業者であるので、66万円に消費税の10％を加えた72万6,000円が報酬の限度額となる。

　以上より、宅地建物取引業法に違反しないものは、ア、ウであり、肢2が正解となる。

その他の規制

宅地建物取引業者Ａ社が行う業務に関する次の記述のうち、宅地建物取引業法（以下この問において「法」という。）の規定によれば、正しいものはいくつあるか。

ア　自ら売主となる宅地建物売買契約成立後、媒介を依頼した他の宅地建物取引業者へ報酬を支払うことを拒む行為は、不当な履行遅延（法第44条）に該当する。

イ　Ａ社は、建物の売買の媒介に際して、売買契約の締結後、買主に対して不当に高額の報酬を要求したが、買主がこれを拒んだため、その要求を取り下げた場合、業務に関する禁止事項（法第47条２号）に該当しない。

ウ　Ａ社は、手付金について信用の供与をすることにより、宅地及び建物の売買契約の締結を誘引する行為を行った場合、監督処分の対象となるほか、罰則の適用を受けることがある。

エ　Ａ社の従業者は、投資用マンションの販売において、相手方に事前の連絡をしないまま自宅を訪問し、その際、勧誘に先立って、業者名、自己の氏名、契約締結の勧誘が目的である旨を告げた上で勧誘を行った場合、宅地建物取引業法の規定に違反しない。

1　一つ
2　二つ
3　三つ
4　四つ

解答・解説

ア　誤り。宅地建物取引業者は、その業務に関してなすべき宅地若しくは建物の「登記」若しくは「引渡し」又は「取引に係る対価の支払」を不当に遅延する行為をしてはならない（宅地建物取引業法44条）。ここでいう「対価の支払」とは、売買代金、内金、交換差金をいい、媒介を依頼した他の宅地建物取引業者へ支払う報酬は含まれない。したがって、媒介を依頼した他の宅地建物取引業者へ報酬を支払うことを拒む行為は、不当な履行遅延に該当しない。

イ　誤り。宅地建物取引業者は、その業務に関して、宅地建物取引業者の相手方等に対し、不当に高額の報酬を要求する行為をしてはならない（宅地建物取引業法47条2号）。要求する行為自体を禁止しているため、たとえその後要求を取り下げたとしても、宅地建物取引業法の規定に違反する。

ウ　正しい。手付について貸付けその他信用の供与をすることにより契約の締結を誘引する行為をした場合、監督処分の対象となるとともに、6月以下の懲役若しくは100万円以下の罰金又はこれらの併科の対象となる（宅地建物取引業法65条1項、2項2号、81条2号）。

エ　正しい。いわゆる飛び込み営業自体は禁止されていない。しかし、宅地建物取引業者又はその代理人、使用人その他の従業者（以下「宅地建物取引業者等」という。）は、宅地建物取引業に係る契約の締結の勧誘をするに際し、宅地建物取引業者の相手方等に対し、当該勧誘に先立って宅地建物取引業者の商号又は名称及び当該勧誘を行う者の氏名並びに当該契約の締結について勧誘をする目的である旨を告げずに、勧誘を行うことはできない（宅地建物取引業法47条の2第3項、同施行規則16条の12第1号ハ）。Aの従業者が、勧誘に先立って、業者名、自己の氏名、契約締結の勧誘が目的である旨を告げて勧誘を行っている本肢は、宅地建物取引業法の規定に違反しない。

　以上より、正しいものは、ウ、エの二つであり、肢2が正解となる。

問題 107

その他の規制

次の記述のうち、宅地建物取引業法の規定によれば、正しいものはどれか。

1　宅地建物取引業者は、従業者名簿の閲覧の請求があったときは、取引と関係のない者からの請求であっても閲覧に供しなければならない。

2　宅地建物取引業者は、その事務所ごとに、その業務に関する帳簿を備えなければならず、帳簿の閉鎖後5年間（当該宅地建物取引業者が自ら売主となる新築住宅に係るものにあっては10年間）当該帳簿を保存しなければならない。

3　宅地建物取引業者は、非常勤役員には従業者であることを証する証明書を携帯させる必要はない。

4　従業者であることを証する証明書の記載事項のうち、従業者の氏名については、現姓のみを記載しなければならず、旧姓を併記することは認められない。

解答・解説

1 誤り。宅地建物取引業者は、取引の関係者から請求があったときは、従業者名簿をその者の閲覧に供しなければならない（宅地建物取引業法48条4項）。

2 正しい。宅地建物取引業者は、その事務所ごとに、その業務に関する帳簿を備えなければならず、当該帳簿は各事業年度の末日をもって閉鎖するものとし、閉鎖後5年間（当該宅地建物取引業者が自ら売主となる新築住宅に係るものにあっては10年間）当該帳簿を保存しなければならない（宅地建物取引業法49条、同施行規則18条3項）。

3 誤り。宅地建物取引業者は、国土交通省令の定めるところにより、従業者に、その従業者であることを証する証明書を携帯させなければ、その者をその業務に従事させてはならない（宅地建物取引業法48条1項）。当該証明書を携帯させるべき者の範囲は、代表者（いわゆる社長）を含み、かつ、非常勤の役員、単に一時的に事務の補助をする者も含まれる（宅地建物取引業法の解釈・運用の考え方48条1項関係1）。したがって、非常勤役員であっても従業者証明書を携帯させる必要がある。

4 誤り。従業者であることを証する証明書の記載事項のうち、従業者の氏名については、旧姓使用を希望する者については、旧姓を併記してよいとされている（宅地建物取引業法の解釈・運用の考え方48条1項関係2）。

必勝合格Check!

従業者名簿と帳簿

	備置場所	保存期間	ポイント
従業者名簿	事務所ごと	最終の記載をした日から10年間	取引関係者の請求があれば、閲覧させる。宅地建物取引士であるか否かの別も記載 非常勤役員、アルバイトも記載
帳簿	事務所ごと	各事業年度の末日に閉鎖し、その後5年間（自ら売主となる新築住宅に係るものは、10年間）	取引のあったつど、記載する。

※従業者証明書 従業者証明書を携帯させなければ、業務に従事させてはならない。
取引関係者の請求があったときは、従業者証明書を提示しなければならない。
（宅地建物取引士証をもって、これに代えることはできない）

その他の規制

宅地建物取引業法に規定する標識に関する次の記述のうち、正しいものはいくつあるか。

ア　宅地建物取引業者A及びBが業務に関し展示会を共同で実施する場合、その実施の場所にA及びBの標識を掲示しなければならない。

イ　宅地建物取引業者は、一団の宅地の分譲を行う案内所で契約の締結を行う場合に限り、その案内所には標識を掲示しなければならない。

ウ　宅地建物取引業者は、一団の建物の分譲を当該建物の所在する場所から約100m離れた駅前に案内所を設置して行う場合、当該建物の所在する場所及び当該案内所に標識を掲示しなければならない。

エ　宅地建物取引業者の標識の様式及び記載事項は、その掲示する場所が契約の締結を行う案内所であれば、事務所と同一でなければならない。

　　　1　一つ
　　　2　二つ
　　　3　三つ
　　　4　四つ

解答・解説

ア **正しい。** 業務に関し展示会を複数の宅地建物取引業者が共同で実施する場合、すべての宅地建物取引業者が自己の標識を掲示しなければならない（宅地建物取引業法50条1項、同施行規則19条1項5号）。

イ **誤り。** 契約の締結を行わない案内所にも標識を掲示しなければならない（宅地建物取引業法50条1項、同施行規則19条1項3号）。

ウ **正しい。** 一団の建物の分譲を建物の所在する場所から離れたところに案内所を設置して行う場合、建物の所在する場所とともに、案内所にも標識を掲示しなければならない（宅地建物取引業法50条1項、同施行規則19条1項2・3号）。

エ **誤り。** 事務所に掲示する標識と案内所に掲示する標識は、様式及び記載事項は同一ではない（宅地建物取引業法施行規則19条2項）。

　以上より、正しいものは、ア、ウの二つであり、肢2が正解となる。

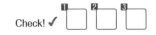
その他の規制

宅地建物取引業者A（甲県知事免許）が甲県内の自ら所有する土地を20区画の一団の宅地に造成し、その分譲について宅地建物取引業者B（乙県知事免許）に販売代理を依頼して、Bが現地案内所を設けて売買契約の申込みを受ける場合に関する次の記述のうち、宅地建物取引業法の規定によれば、誤っているものはどれか。

1　Bは、その案内所に従業員が7人いる場合、少なくとも1人の専任の宅地建物取引士を置かなければならない。

2　Bは、その案内所の見やすい場所に標識を掲げなければならないが、Aは、その必要はない。

3　Bは、その案内所の設置について、甲県知事に届け出る必要はないが、乙県知事に届け出なければならない。

4　Aは、当該宅地の所在場所に標識を掲げなければならないが、その標識には専任の宅地建物取引士の氏名を表示する必要はない。

解答・解説

1 **正しい。**一団の宅地の分譲について契約の申込みを受ける案内所には、従業者の数に関係なく、1人以上の専任の宅地建物取引士を設置すればよい（宅地建物取引業法31条の3第1項、同施行規則15条の5の2第3号、15条の5の3）。

2 **正しい。**案内所に標識を掲示しなければならないのは、その案内所で業務を行うBのみである。なお、Bが掲げる標識には、売主Aの商号又は名称と免許証番号も表示しなければならない（宅地建物取引業法50条1項、同施行規則15条の5の2第3号、19条2項5号、別記様式11号の2）。

3 **誤り。**販売代理業者であるBは、案内所の設置について、免許権者（乙県知事）と当該場所を管轄する都道府県知事（甲県知事）に届け出る必要がある（宅地建物取引業法50条2項）。

4 **正しい。**物件の所在場所にも標識を掲示しなければならないが、そこには専任の宅地建物取引士を置く必要がないので、その氏名を表示する必要はない（宅地建物取引業法50条1項、同施行規則19条1項2号、2項4号、別記様式11号）。

必勝合格Check!

標識の掲示義務

条文・原則

宅地建物取引業者は、下記の場所ごとに、公衆の見やすい場所に、国土交通省令で定める標識を掲示しなければならない（50条1項、規則19条）。
1 事務所
2 継続的に業務を行うことができる施設を有する場所で、事務所以外のもの
3 一団の宅地又は一団の建物の分譲を行う案内所
4 一団の宅地又は一団の建物の分譲の代理・媒介を行う案内所
5 業務に関し、展示会その他これらに類する催しを実施する場所
6 一団の宅地又は一団の建物を分譲する際の、当該物件の所在場所

問題 重要度 A　　難易度 ★☆☆　　Check! ✓

110 その他の規制

甲県知事の免許を受けた宅地建物取引業者Aがその業務を行う場合に関する次の記述のうち、宅地建物取引業法の規定に違反しないものの組合せとして正しいものはどれか。

ア　Aは、甲県内において10区画の一団の宅地分譲に際し、見学者の案内のみを行う現地案内所を設置したが、当該案内所について甲県知事に届出をしなかった。

イ　Aは、その業務に従事させる者が単に一時的に事務の補助をする者であったので、従業者証明書を携帯させなかった。

ウ　Aは、Bから解除条件付で取得する契約を締結した宅地を、自ら売主として宅地建物取引業者でないCに売却した。

　　　1　ア、イ
　　　2　ア、ウ
　　　3　イ、ウ
　　　4　ア、イ、ウ

解答・解説

ア　違反しない。契約の締結を行わず、かつ、契約の申込みを受けない案内所については、届出は不要である（宅地建物取引業法50条2項）。

イ　違反する。非常勤の役員や単に一時的に事務の補助をする者であっても、従業者証明書を携帯させなければならない（宅地建物取引業法48条1項）。

ウ　違反しない。宅地建物取引業者は、自己の所有に属しない宅地・建物について自ら売主として宅地建物取引業者でない者と売買契約を締結することができないが、宅地・建物を取得する契約を締結しているときは、適用除外となる。そして、この取得する契約に解除条件がついてもかまわない（宅地建物取引業法33条の2）。解除条件は、停止条件と異なり、条件が成就するまでは効力が生じているからである。

　以上より、宅地建物取引業法に違反しないものは、ア、ウであり、肢2が正解となる。

重要度 B　　難易度 ★☆☆　　Check! ✓

問題 111 監督処分・罰則

甲県内にのみ事務所を設置している宅地建物取引業者Ａ（法人）に対する監督処分及び罰則に関する次の記述のうち、宅地建物取引業法の規定によれば、正しいものはどれか。

1　Ａが乙県内にも事務所を有することとなった場合で、国土交通大臣の免許を受けていないことが判明したときは、国土交通大臣はＡの免許を取り消さなければならない。

2　Ａが宅地建物取引業の業務に関して、建築基準法の規定に違反して罰金に処せられた場合、これをもって業務停止処分を受けることがある。

3　Ａは自ら貸主となり、借主Ｂとの間でオフィスビルの一室の賃貸借契約を締結した業務において、賃貸借契約書はＢに交付したが、重要事項の説明を行わなかった場合、指示処分を受けることがある。

4　Ａの従業者Ｃが宅地の売買の契約の締結について勧誘するに際し、当該宅地の利用の制限に関する事項で買主の判断に重要な影響を及ぼすものを過失により告げなかった場合、Ａに対して１億円以下の罰金刑が科せられることがある。

解答・解説

1 **誤り**。免許換えをしなければならないのに、その免許を受けていないことが判明したときは、免許権者（本問においては甲県知事）は免許を取り消さなければならない（宅地建物取引業法66条1項5号）。

2 **正しい**。業務に関して他の法令に違反して宅地建物取引業者として不適当であると認められる場合、業務停止処分を受けることがある（宅地建物取引業法65条2項1号の2）。

3 **誤り**。自ら貸借する行為は、宅地建物取引業に該当しない（宅地建物取引業法2条2号）。したがって、本肢Aは、宅地建物取引業者であっても、借主Bに対して重要事項の説明義務を負わず、指示処分を受けることもない。

4 **誤り**。Aの従業者が売買等の契約の締結について勧誘するに際し、買主等の判断に重要な影響を及ぼすものを「故意」により告げなかった場合には、法人であるAに対して1億円以下の罰金刑が科せられることがある（宅地建物取引業法84条1号、79条の2、47条1号イ）。

重要度 B　　難易度 ★☆☆　　Check! ✓

問題 112

監督処分・罰則

宅地建物取引業者Aがその業務に関して行う広告に関する次の記述のうち、宅地建物取引業法の規定によれば、誤っているものはどれか。

1　Aが、建物の売買の代理権を与えられた際に、広告中に自らが売主である旨を表示した場合、Aは、免許取消処分に処せられることがあるとともに、罰則が適用されることがある。

2　Aは、宅地建物取引業法第65条第2項の規定による業務停止処分を受けている期間中は宅地又は建物の販売行為を行うことができないのはもちろんのこと、貸借の媒介についても、たとえ依頼者の承諾があっても、その広告を行うことができない。

3　Aは、建築基準法に基づく建築協定について、将来見直される旨を根拠なくその広告中に表示した場合、免許取消処分に処せられることがあるとともに、罰則が適用されることがある。

4　Aが、借地借家法第38条に定められた定期建物賃貸借契約の媒介に係る広告を行う際に、普通建物賃貸借契約であると人を誤認させるような表示をした場合、賃貸借契約の当事者に実際の被害が発生しなくても、Aの行為は、宅地建物取引業法に違反する。

解答・解説

1　**誤り。**宅地建物取引業者が取引態様の明示の規定に違反したときは、業務停止処分を命ぜられる場合があるほか、情状が特に重いときには免許取消処分がなされるが、罰則については定められていない（宅地建物取引業法65条2項、66条1項、79条以下）。

2　**正しい。**宅地又は建物の貸借の媒介に関する「広告」も、宅地建物取引業者の業務である以上、業務の停止の処分の期間中に行ってはならず、これは「依頼者の承諾」があっても同様である（宅地建物取引業法65条2項）。

3　**正しい。**本肢の場合、「宅地又は建物の現在もしくは将来の利用の制限」に係る誇大広告等として宅地建物取引業法32条違反となり、業務停止処分を命ぜられる場合があるほか、情状が特に重いときには免許取消処分がなされ、さらに罰則として、6月以下の懲役もしくは100万円以下の罰金に処せられ、又はこれを併科される（宅地建物取引業法65条2項、66条1項、81条）。

4　**正しい。**本肢の場合も、「建物の現在もしくは将来の利用の制限」に係る誇大広告等として宅地建物取引業法に違反する（宅地建物取引業法32条）。実際に被害が発生したか否かにかかわらず、違反となる。

監督処分・罰則

監督処分に関する次の記述のうち、正しいものはいくつあるか。

ア　宅地建物取引業者Aが誇大広告等の禁止の規定に違反したとき、業務の全部の停止を命じられることはあるが、免許を取り消されることはない。

イ　宅地建物取引業者Aの取締役の1人が公職選挙法に違反して罰金の刑に処せられたときは、Aの免許は取り消される。

ウ　宅地建物取引業者Aの業務に従事する宅地建物取引士Bが、事務の禁止の処分を受けたときにおいて、Aの責めに帰すべき理由があるときは、Aは、免許の取消処分を受けることがある。

エ　宅地建物取引業者Aが営業に関し成年者と同一の行為能力を有しない未成年者である場合において、その法定代理人Cが罰金の刑に処せられたときは、Aの免許は必ず取り消される。

　　　　1　一つ
　　　　2　二つ
　　　　3　三つ
　　　　4　なし

解答・解説

ア 誤り。誇大広告等の禁止の規定に違反し、情状が特に重い場合は、免許が取り消される（宅地建物取引業法66条1項9号）。

イ 誤り。法人業者の役員が「罰金」刑に処せられたことによって当該法人業者の免許が取り消されるのは、「宅地建物取引業法」違反の罪などの特定の犯罪の場合に限られる（宅地建物取引業法66条1項3号、5条1項6号）。当該役員が公職選挙法違反で罰金刑に処せられても、当該法人業者は免許欠格とならず、免許は取り消されない。

ウ 正しい。宅地建物取引士が事務禁止処分を受けた場合において、宅地建物取引業者の責めに帰すべき理由があるときは、当該宅地建物取引業者も指示処分（宅地建物取引業法65条1項4号、3項）又は業務停止処分（宅地建物取引業法65条2項1号の2、4項1号）を受けることがあり、情状が特に重いときは免許取消処分の対象となる（宅地建物取引業法66条1項9号）。

エ 誤り。営業に関し成年者と同一の行為能力を有しない未成年者Aの法定代理人Cが罰金刑に処せられた場合であっても、それが宅地建物取引業法違反等の一定の犯罪による場合でなければAの免許を取り消すことはできない（宅地建物取引業法66条1項2号、5条1項6号）。よって、Aの免許は必ず取り消されるとはいえない。

　以上より、正しいものは、ウの一つであり、肢1が正解となる。

重要度 B　　難易度 ★★☆　　Check! ✓

監督処分・罰則

宅地建物取引業法の規定に基づく監督処分に関する次の記述のうち、誤っているものはどれか。

1　国土交通大臣又は都道府県知事は、一定の場合を除いて、監督処分をしようとするときは、行政手続法第13条第1項の規定による意見陳述のための手続の区分にかかわらず、聴聞を行わなければならない。

2　都道府県知事は、他の都道府県知事の免許を受けた宅地建物取引業者に対し、指示処分又は業務停止処分をした場合、遅滞なく、その旨を当該他の都道府県知事に通知しなければならない。

3　都道府県知事は、宅地建物取引業を営むすべての者に対して、宅地建物取引業の適正な運営を確保するため必要があると認めるときは、その業務について必要な報告を求めることができる。

4　国土交通大臣は、その免許を受けた宅地建物取引業者が一定の規定に違反した場合において、監督処分をしようとするときは、あらかじめ、内閣総理大臣に協議しなければならない。

解答・解説

1 **正しい。** 国土交通大臣又は都道府県知事は、一定の場合を除いて、監督処分をしようとするときは、行政手続法13条1項の規定による意見陳述のための手続の区分にかかわらず、聴聞を行わなければならない（宅地建物取引業法69条1項）。

2 **正しい。** 都道府県知事は指示処分又は業務停止処分をしたときは、遅滞なく、その旨を、当該宅地建物取引業者が国土交通大臣の免許を受けたものであるときは国土交通大臣に報告し、当該宅地建物取引業者が他の都道府県知事の免許を受けたものであるときは当該他の都道府県知事に通知しなければならない（宅地建物取引業法70条3項）。

3 **誤り。** 国土交通大臣は、宅地建物取引業を営むすべての者に対して、都道府県知事は、当該都道府県の区域内で宅地建物取引業を営む者に対して、宅地建物取引業の適正な運営を確保するため必要があると認めるときは、その業務について必要な報告を求めることができる（宅地建物取引業法72条1項）。このように、すべての宅地建物取引業者に対して報告を求めることができるのは国土交通大臣である。

4 **正しい。** 国土交通大臣は、その免許を受けた宅地建物取引業者が一定の規定に違反した場合において、監督処分をしようとするときは、あらかじめ、内閣総理大臣に協議しなければならない（宅地建物取引業法71条の2第1項）。

問題

115

重要度 A　　難易度 ★★★　　Check! ✓

履行確保法

宅地建物取引業者A（甲県知事免許）が、自ら売主となって宅地建物取引業者でない買主Bに新築住宅を販売する場合に関する次の記述のうち、特定住宅瑕疵担保責任の履行の確保等に関する法律（以下この問において「法」という。）及び宅地建物取引業法によれば、誤っているものはどれか。

1　Aが法第11条に規定する住宅販売瑕疵担保保証金の供託をすべき新築住宅とは、建設工事の完了の日から起算して1年を経過したものも含まれるが、人の居住の用に供したことのあるものは含まれない。

2　Aは、当該取引後、帳簿にその年月日、その取引に係る建物の所在等を記載しなければならず、閉鎖後10年間当該帳簿を保存しなければならない。

3　供託宅地建物取引業者であるAは、Bに対し、当該新築住宅の売買契約を締結するまでに、その住宅販売瑕疵担保保証金の供託をしている供託所の所在地その他住宅販売瑕疵担保保証金に関し国土交通省令で定める事項について、これらの事項を記載した書面を交付して説明しなければならない。

4　住宅販売瑕疵担保保証金の供託をしているAは、基準日において当該住宅販売瑕疵担保保証金の額が当該基準日に係る基準額を超えることとなった場合、甲県知事の承認を受けなければ、その超過額を取り戻すことができない。

解答・解説

1 **誤り。**特定住宅瑕疵担保責任の履行の確保等に関する法律において「新築住宅」とは、新たに建設された住宅で、まだ人の居住の用に供したことのないもの（建設工事の完了の日から起算して1年を経過したものを除く。）をいう（特定住宅瑕疵担保責任の履行の確保等に関する法律2条1項、住宅の品質確保の促進等に関する法律2条2項）。

2 **正しい。**宅地建物取引業者は、その事務所ごとに、その業務に関する帳簿を備え、宅地建物取引業に関し取引のあったつど、その年月日、その取引に係る宅地又は建物の所在及び面積その他国土交通省令で定める事項を記載しなければならない（宅地建物取引業法49条）。そして、宅地建物取引業者は、帳簿（電子計算機に備えられたファイル又は磁気ディスクを含む。）を各事業年度の末日をもって閉鎖するものとし、閉鎖後5年間（当該宅地建物取引業者が自ら売主となる新築住宅に係るものにあっては、10年間）当該帳簿を保存しなければならない（宅地建物取引業法施行規則18条3項）。

3 **正しい。**特定住宅瑕疵担保責任の履行の確保等に関する法律においても、宅地建物取引業者による供託所の所在地等に関する説明が義務付けられている。供託宅地建物取引業者は、自ら売主となる新築住宅の買主に対し、当該新築住宅の売買契約を締結するまでに、その住宅販売瑕疵担保保証金の供託をしている供託所の所在地その他住宅販売瑕疵担保保証金に関し国土交通省令で定める事項について、これらの事項を記載した書面を交付（電磁的方法による提供を含む。）して説明しなければならない（特定住宅瑕疵担保責任の履行の確保等に関する法律15条、10条2項）。

4 **正しい。**住宅販売瑕疵担保保証金を供託している宅地建物取引業者は、基準日（毎年3月31日）において、住宅販売瑕疵担保保証金の額が基準日に係る基準額を超えることとなったときは、その超過額を取り戻すことができるが、この取戻しは、免許権者の承認を受けなければ、することができない（特定住宅瑕疵担保責任の履行の確保等に関する法律16条、9条）。

重要度 A　　難易度 ★★☆

履行確保法

次の記述のうち、特定住宅瑕疵担保責任の履行の確保等に関する法律（以下この問において「履行確保法」という。）及び宅地建物取引業法の規定によれば、正しいものはどれか。

1　住宅販売瑕疵担保保証金の供託は、法務大臣及び国土交通大臣の定める供託所にしなければならない。

2　宅地建物取引業者A（甲県知事免許）が自ら売主となって、宅地建物取引業者でない買主に新築住宅を販売し、引き渡した場合、毎基準日から3週間以内に、住宅販売瑕疵担保保証金の供託及び住宅販売瑕疵担保責任保険契約の締結の状況について、甲県知事に届け出なければならない。

3　宅地建物取引業者B（乙県知事免許）は、供託をしている住宅販売瑕疵担保保証金について弁済を受ける権利を有する者からの還付請求により、当該住宅販売瑕疵担保保証金が基準額に不足することとなったときは、遅滞なくその不足額を供託しなければならない。

4　宅地建物取引業者C（丙県知事免許）が自ら売主となって、宅地建物取引業者でないDと建物の売買契約を締結しようとする場合において、当該建物が履行確保法第2条第2項にいう新築住宅でないときは、Cは、売買契約を締結する前に、Dに対し当該建物が種類又は品質に関して契約の内容に適合しない場合におけるその不適合を担保すべき責任の履行に関し保証保険契約の締結その他の措置を講ずるかどうかについて、宅地建物取引業法第35条に基づく重要事項として説明する義務はない。

解答・解説

1 **誤り。**宅地建物取引業者は、毎年基準日（3月31日）から3週間を経過する日までの間において、当該基準日前10年間に自ら売主となる売買契約に基づき買主に引き渡した新築住宅について、当該買主に対する特定住宅瑕疵担保責任の履行を確保するため、住宅販売瑕疵担保保証金の供託をしていなければならないが（保険加入している場合はその分を除く。）、この供託は宅地建物取引業者の「主たる事務所の最寄りの供託所」にする（特定住宅瑕疵担保責任の履行の確保等に関する法律11条1・6項）。

2 **正しい。**新築住宅を引き渡した宅地建物取引業者は、基準日ごとに、当該基準日に係る住宅販売瑕疵担保保証金の供託及び住宅販売瑕疵担保責任保険契約の締結の状況について、基準日から3週間以内に、国土交通省令で定めるところにより、その免許を受けた国土交通大臣又は都道府県知事（信託会社等にあっては、国土交通大臣）に届け出なければならない（特定住宅瑕疵担保責任の履行の確保等に関する法律12条1項、同施行規則16条）。

3 **誤り。**住宅販売瑕疵担保保証金を供託している宅地建物取引業者は、買主からの還付請求により、住宅販売瑕疵担保保証金の額が基準額に不足することとなったときは、国土交通大臣から還付があった旨の通知書の送付を受けた日から「2週間以内」に、その不足額を供託しなければならない（特定住宅瑕疵担保責任の履行の確保等に関する法律16条、7条1項、14条、住宅建設瑕疵担保保証金及び住宅販売瑕疵担保保証金に関する規則28条、12条）。

4 **誤り。**特定住宅瑕疵担保責任の履行の確保等に関する法律にいう新築住宅であるか否かにかかわらず、種類・品質に関して契約内容に適合しない場合における不適合を担保すべき責任の履行に関し保証保険契約の締結その他の措置で国土交通省令・内閣府令で定めるものを講ずるかどうか、及びその措置を講ずる場合におけるその措置の概要は、重要事項として説明しなければならない（宅地建物取引業法35条1項13号）。

問題 117　履行確保法

宅地建物取引業者が新築住宅を販売する場合に関する次の記述のうち、特定住宅瑕疵担保責任の履行の確保等に関する法律（以下この問において「法」という。）によれば、正しいものはどれか。なお、本問において資力確保措置とは、法に基づく住宅販売瑕疵担保保証金の供託又は住宅販売瑕疵担保責任保険契約の締結をいう。

1　宅地建物取引業者から購入した新築住宅の瑕疵によって生じた損害を受けた買主は、その損害賠償請求権に関し、引渡しを受けた時から5年間、当該宅地建物取引業者が供託をしている住宅販売瑕疵担保保証金について、弁済を受ける権利を有する。

2　新築住宅を引き渡した宅地建物取引業者は、供託をし、かつ、その届出をしなければ、当該基準日の翌日から起算して3週間を経過した日以後においては、新たに自ら売主となる新築住宅の売買契約を締結してはならないのが原則である。

3　自ら売主として新築住宅を販売する宅地建物取引業者は、買主が宅地建物取引業者である場合にも、資力確保措置を講ずる義務を負う。

4　宅地建物取引業者が資力確保措置を講じなければならない場合、住宅販売瑕疵担保保証金の供託と住宅販売瑕疵担保責任保険契約の締結の両者を併用することができる。

解答・解説

1 **誤り。**住宅販売瑕疵担保保証金の供託をしている宅地建物取引業者が特定住宅販売瑕疵担保責任を負う期間内（新築住宅の引渡時から「10年間」）に、住宅の品質確保の促進等に関する法律95条1項に規定する隠れた瑕疵によって生じた損害を受けた当該特定住宅販売瑕疵担保責任に係る新築住宅の買主は、その損害賠償請求権に関し、当該宅地建物取引業者が供託をしている住宅販売瑕疵担保保証金について、他の債権者に先立って弁済を受ける権利を有する（特定住宅瑕疵担保責任の履行の確保等に関する法律14条1項）。

2 **誤り。**自ら売主となる新築住宅の売買契約の新たな締結が制限される場合がある。すなわち、一定の場合を除いて、新築住宅を引き渡した宅地建物取引業者は、供託をし、かつ、その届出をしなければ、当該基準日の翌日から起算して50日を経過した日以後においては、新たに自ら売主となる新築住宅の売買契約を締結することはできない（特定住宅瑕疵担保責任の履行の確保等に関する法律13条）。

3 **誤り。**宅地建物取引業者は、自ら売主となる売買契約に基づき買主に引き渡した新築住宅について資力確保措置を講ずる義務がある（特定住宅瑕疵担保責任の履行の確保等に関する法律11条1・2項）。もっとも、新築住宅の買主が宅地建物取引業者である場合は除かれている（特定住宅瑕疵担保責任の履行の確保等に関する法律2条6項2号ロかっこ書）。

4 **正しい。**資力確保措置としては、住宅販売瑕疵担保保証金の供託のみ、あるいは住宅販売瑕疵担保責任保険契約の締結のみ、又は両者を併用する方法が可能である（特定住宅瑕疵担保責任の履行の確保等に関する法律11条）。

法令上の制限

問題 118　重要度 A　難易度 ★☆☆　Check! ✓ 1□ 2□ 3□

都市計画区域の指定

都市計画法に関する次の記述のうち、正しいものはどれか。

1　市街化区域は、既に市街地を形成している区域であり、市街化調整区域は、おおむね10年以内に優先的かつ計画的に市街化を図るべき区域である。

2　市街化調整区域内においては、都市計画に、市街地開発事業を定めることができないこととされている。

3　準都市計画区域については、無秩序な市街化を防止し、計画的な市街化を図るため、都市計画に市街化区域と市街化調整区域との区分を定めなければならない。

4　特定用途制限地域は、用途地域が定められている土地の区域内において、都市計画に、制限すべき特定の建築物等の用途の概要を定める地域とされている。

解答・解説

1　**誤り**。市街化区域は、既に市街地を形成している区域及びおおむね10年以内に優先的かつ計画的に市街化を図るべき区域であり（都市計画法7条2項）、市街化調整区域は、市街化を抑制すべき区域である（都市計画法7条3項）。

2　**正しい**。市街地開発事業は市街化区域又は区域区分が定められていない都市計画区域内において、一体的に開発し、又は整備する必要がある土地の区域について定める（都市計画法13条1項13号）。したがって、市街化調整区域内においては、都市計画に、市街地開発事業を定めることができない。

3　**誤り**。都市計画区域については、無秩序な市街化を防止し、計画的な市街化を図るため、都市計画に市街化区域と市街化調整区域との区分を定めることができるが（都市計画法7条1項）、準都市計画区域については、市街化区域と市街化調整区域との区分を定めることはできない（都市計画法8条2項）。

4　**誤り**。特定用途制限地域は、用途地域が定められていない土地の区域（市街化調整区域を除く。）内に定めるのであって、用途地域が定められている土地の区域内に定めることはできない（都市計画法9条15項）。

必勝合格Check!

準都市計画区域

指定権者	都道府県が指定する
指定できる区域	都市計画区域外の区域のうち、 ①相当数の建築物その他の工作物の建築若しくは建設又はこれらの敷地の造成が現に行われ、又は行われると見込まれる区域を含み... ②放置すれば、将来における一体の都市としての整備、開発及び保全に支障が生じるおそれがある一定の区域
指定の効果	①開発許可制度、建築確認制度 ②都市計画に定めることができる地域地区は、下記8種類のみ 　ア 用途地域　　　　　　イ 特別用途地区 　ウ 特定用途制限地域 　エ 高度地区（最高限度の定め可、最低限度の定め不可） 　オ 景観地区　　　　　　カ 風致地区 　キ 緑地保全地域　　　　ク 伝統的建造物群保存地区 　※ 積極的土地利用・開発を図る、高度利用地区、市街地開発事業の定め不可 ③大規模集客施設の立地規制

問題 119

重要度 B　　難易度 ★★☆　　Check! ✓

都市計画の内容

都市計画法に関する次の記述のうち、正しいものはどれか。

1　高層住居誘導地区は、住居と住居以外の用途を適正に配分し、利便性の高い高層住宅の建設を誘導するため、第一種住居地域、第二種住居地域、準住居地域、近隣商業地域又は準工業地域において定められる地区をいう。

2　市町村長は、地区整備計画が定められた地区計画の区域内において、地区計画に適合しない行為の届出があった場合には、届出をした者に対して、届出に係る行為に関し設計の変更その他の必要な措置をとることを命じなければならない。

3　市町村が定めた都市計画が、都道府県が定めた都市計画と抵触するときは、市町村と都道府県の両者の調整を図る観点から、国土交通大臣が優先させるべき都市計画を決定する。

4　都市計画施設の区域又は市街地開発事業の施行区域内において建築物の建築をしようとする者は、行為の種類、場所及び設計又は施行方法その他の一定の事項を都道府県知事（市の区域内にあっては、当該市の長。）に届け出なければならない。

解答・解説

1 **正しい**。高層住居誘導地区は、住居と住居以外の用途とを適正に配分し、利便性の高い高層住宅の建設を誘導するため、第一種住居地域、第二種住居地域、準住居地域、近隣商業地域又は準工業地域でこれらの地域に関する都市計画において建築物の容積率が10分の40又は10分の50と定められたものの内において、建築物の容積率の最高限度、建築物の建蔽率の最高限度及び建築物の敷地面積の最低限度を定める地区とする（都市計画法９条17項）。

2 **誤り**。市町村長は、地区整備計画が定められた地区計画の区域内において、地区計画に適合しない行為の届出があった場合には、届出をした者に対して、届出に係る行為に関し設計の変更その他の必要な措置をとることを勧告することができる（都市計画法58条の２第３項）。したがって、命じなければならないのではない。

3 **誤り**。市町村が定めた都市計画が、都道府県が定めた都市計画と抵触するときは、その限りにおいて、都道府県が定めた都市計画が優先する（都市計画法15条４項）。国土交通大臣が優先させるべき都市計画を決定するわけではない。

4 **誤り**。都市計画施設の区域又は市街地開発事業の施行区域内において建築物の建築をしようとする者は、非常災害のため必要な応急措置として行う行為などを除いて、都道府県知事（市の区域内にあっては、当該市の長。「都道府県知事等」という。）の許可を受けなければならない（都市計画法53条１項）。

問題 **120**

重要度 A　　難易度 ★★★　　Check! ✓

都市計画の内容

都市計画法に関する次の記述のうち、誤っているものはどれか。

1　都市計画は、都市計画区域内において定められるものであるが、道路や公園などの都市施設については、特に必要があるときは、当該都市計画区域外においても定めることができる。

2　地区計画は、良好な環境の街区の整備等を図るための都市計画であり、用途地域が定められている土地の区域のみ定めることができる。

3　再開発等促進区を定める地区計画は、土地の合理的かつ健全な高度利用と都市機能の増進を図るため一体的かつ総合的な市街地の再開発又は開発整備を実施すべき区域であり、用途地域が定められている土地の区域に定められる。

4　開発整備促進区を定める地区計画は、劇場、店舗、飲食店その他これらに類する用途に供する大規模な建築物（特定大規模建築物）の整備による商業その他の業務の利便の増進を図るため、一体的かつ総合的な市街地の開発整備を実施すべき区域であり、第二種住居地域、準住居地域もしくは工業地域が定められている土地の区域又は用途地域が定められていない土地の区域（市街化調整区域を除く。）に定められる。

解答・解説

1 **正しい。**都市施設は、通常、都市計画区域について定められるが、特に必要があるときは、当該都市計画区域外においても定めることができる（都市計画法11条1項）。

2 **誤り。**地区計画は、建築物の建築形態、公共施設その他の施設の配置からみて、一体としてそれぞれの区域の特性にふさわしい態様を備えた良好な「各」街区を整備・開発・保金するための計画であり、用途地域が定められている土地の区域及び用途地域が定められていない土地の区域のうち、一定の要件に該当するものに定めることができる（都市計画法12条の5第1項）。

3 **正しい。**再開発等促進区を定める地区計画は、用途地域が定められている土地の区域に定められる（都市計画法12条の5第3項）。

4 **正しい。**開発整備促進区を定める地区計画は、第二種住居地域、準住居地域もしくは工業地域が定められている土地の区域又は用途地域が定められていない土地の区域（市街化調整区域を除く。）に定められる（都市計画法12条の5第4項）。

必勝合格Check!

地区計画

地区計画	建築物の建築形態、公共施設の配置等からみて、一体としてそれぞれの区域の特性にふさわしい態様を備えた良好な環境の各街区を整備し、開発し、及び保全するための計画	
地区計画を定めることができる区域	①用途地域が定められている土地の区域 ②用途地域が定められていない土地の区域のうち、一定の要件を満たす土地の区域	
地区計画の区域内における建築等の規制	地区計画の区域内	道路・公園等の施設の配置及び規模が定められている再開発等促進区若しくは開発整備促進区又は地区整備計画が定められている区域に限る
	1）土地の区画形質の変更 2）建築物の建築 3）工作物の建設その他	
	原則として行為着手の30日前までに、一定の事項を市町村長に届出	

問題 121

重要度 A　　　難易度 ★★☆

Check! ✓

開発許可の要否

次に掲げる開発行為を行う場合に都市計画法に基づく開発許可が常に不要なものはいくつあるか。なお、開発行為の規模は1,000㎡であるものとする。

ア　市街化区域内において行う開発行為で、漁業者の居住用建築物の建築の用に供する目的で行うもの

イ　市街化調整区域内において行う開発行為で、市街化調整区域内において生産される農林水産物の加工のための建築物の建築の用に供する目的で行うもの

ウ　都市計画区域及び準都市計画区域外において行う開発行為で、各種学校の建築の用に供する目的で行うもの

　　　　1　一つ
　　　　2　二つ
　　　　3　三つ
　　　　4　なし

解答・解説

ア　許可が必要。農林漁業を営む者の居住用建築物の建築の用に供する目的で行う開発行為については、市街化区域内では許可不要とされていない。また、規模1,000㎡以上の開発行為であるから、規模の面からいっても許可不要とはならない（都市計画法29条1項1・2号、同施行令19条1項）。

イ　許可が必要。本肢の開発行為は、開発許可の申請があった場合に許可することができる市街化調整区域における開発許可の基準に該当するものではあるが、許可不要の例外に該当するものではなく、許可が必要である（都市計画法34条4号、29条1項、同施行令20条）。

ウ　常に許可が不要。都市計画区域および準都市計画区域外では10,000㎡未満の規模の開発行為については、許可が不要である（都市計画法29条2項、同施行令22条の2）。

　以上より、常に開発許可が不要なものは、ウの一つであり、肢1が正解となる。

必勝合格Check!

開発許可が必要な開発行為の規模

1　市街化区域	原則1,000㎡以上※
2　市街化調整区域	どの規模でも許可が必要
3　非線引き都市計画区域及び準都市計画区域	原則3,000㎡以上※
4　都市計画区域及び準都市計画区域以外の区域	1 ha以上

※市街化区域、非線引き都市計画区域、準都市計画区域では、開発許可が必要な開発行為の規模（面積）を引き下げることができる。

開発許可が要らない開発行為

開発許可が要らない開発行為	1　市街化区域以外で農林漁業用建築物を建築するための開発行為
	2　駅舎、図書館、公民館、変電所等を建築するための開発行為
	3　「～事業の施行として」行う開発行為
	4　非常災害のために必要な応急措置
	5　通常の管理行為、軽易な行為　　等

問題 122

重要度 A　　難易度 ★★☆　　Check! ✓

開発許可の要否

次の記述のうち、都市計画法の規定によれば、正しいものはどれか。なお、この問において「都道府県知事」とは、地方自治法に基づく指定都市及び中核市にあってはその長をいうものとする。

1　都道府県知事は、市街化区域内における開発行為について開発許可をする場合において必要があると認めるときは、当該開発区域内の土地について、建築物の建蔽率、建築物の高さ等に関する制限を定めることができる。

2　市街化区域内の開発許可を受けた開発区域内の土地については、工事完了公告があるまでの間は、原則として都道府県知事の許可を受けなければ譲渡することができない。

3　何人も、市街化区域内の開発許可を受けた開発区域内においては、工事完了公告があった後は、都道府県知事の許可を受けなければ、当該開発許可に係る予定建築物等以外の建築物を新築してはならない。

4　市街化区域内における1,500㎡の開発行為について、それが畜舎の建築の用に供するものであっても、また、中学校の建築の用に供するものであっても、どちらも開発許可が必要である。

解答・解説

1　**誤り**。都道府県知事が、開発許可に際して建蔽率等の制限を付加することができるのは、用途地域の定められていない土地の区域における開発行為についてである（都市計画法41条1項）。市街化区域では必ず用途地域が定められるから（都市計画法13条1項7号後段）、市街化区域内の開発行為について開発許可をする場合に建蔽率等の制限が定められることはない。

2　**誤り**。開発許可を受けた開発区域内の土地においては、完了公告があるまでの間は、原則として建築物を建築し、又は特定工作物を建設することはできないが（都市計画法37条）、土地の譲渡は制限されない。

3　**誤り**。何人も、開発許可を受けた開発区域内においては、工事完了公告があった後は、当該開発許可に係る予定建築物等以外の建築物を新築してはならない。ただし、都道府県知事が許可したとき、又は当該開発区域内の土地について用途地域等が定められているときは、この限りでない（都市計画法42条1項）。肢1の解説でも述べたように、市街化区域では必ず用途地域が定められるから（都市計画法13条1項7号後段）、必ず例外に該当し、この制限は適用されない。

4　**正しい**。当該開発行為を市街化区域内で行う場合であれば、その規模が1,000㎡以上のものにつき開発許可が必要である（都市計画法29条1項1号、同施行令19条1項）。そして、農林漁業用建築物の建築の用に供する目的で行う開発行為については、市街化区域内では許可不要とされていない。また、中学校についても、開発許可が不要となる例外にはあたらない（都市計画法29条1項3号参照）。

開発行為に関連する建築等の制限

都市計画法の開発許可に関する次の記述のうち、都市計画法の規定によれば、誤っているものはどれか。なお、この問における都道府県知事とは、地方自治法に基づく指定都市及び中核市にあっては、その長をいうものとする。

1　市街化調整区域（用途地域の定めはない。以下この問において同様とする。）のうち、開発許可を受けた開発区域以外の区域内で、農業に従事する者の居住の用に供する建築物を新築する場合、都道府県知事の許可は不要である。

2　都道府県知事は、市街化調整区域に係る開発行為について開発許可の申請があった場合において、その開発行為が主として第二種特定工作物の建設をするためのものであるときは、都市計画法第34条の開発許可の基準に適合しなくても、開発許可をすることができる。

3　市街化調整区域のうち、開発許可を受けた開発区域内においては、開発行為に関する工事が完了した旨の公告があった後は、建築物を改築して当該開発許可に係る予定の建築物以外の建築物としてはならない。

4　都道府県知事は、市街化調整区域における開発行為について開発許可をする場合、当該開発区域内の土地について、建築物の建蔽率、建築物の高さ、壁面の位置その他建築物の敷地、構造及び設備に関する制限を定めなければならない。

解答・解説

1 **正しい。** 市街化調整区域に適用される［開発許可を受けた土地以外の土地における建築等の制限］においては、「農業、林業もしくは漁業の用に供する一定の建築物又はこれら業務を営む者の居住の用に供する建築物」については、例外的に許可が不要とされている（都市計画法43条1項）。

2 **正しい。** 市街化調整区域に係る開発行為であっても、「主として第二種特定工作物の建設を目的としたもの」については、都市計画法34条の開発許可の基準に適合しなくても、開発許可をすることができる（都市計画法34条）。

3 **正しい。** 開発許可を受けた開発区域内においては、工事完了の公告があった後は、その開発許可に係る予定建築物等以外の建築物又は特定工作物を新築し、又は新設してはならず、また、建築物を改築し、又はその用途を変更して、その開発許可に係る予定の建築物以外の建築物としてはならない（都市計画法42条1項）。用途地域が定められている場合には、例外的にこの制限は適用されないが、用途地域の定めのない市街化調整区域にはこの例外は適用されない。

4 **誤り。** 都道府県知事は、用途地域の定めのない市街化調整区域における開発行為について開発許可をする場合において必要があると認めるときは、当該開発区域内の土地について、建築物の建蔽率、建築物の高さ、壁面の位置その他建築物の敷地、構造及び設備に関する制限を定めることができるのであり、定めなければならないわけではない（都市計画法41条1項）。

必勝合格 Check!

開発許可を受けた開発区域以外の建築等の制限

市街化調整区域のうち開発許可を受けた開発区域以外の区域

原則	都道府県知事の許可必要
例外	開発許可が要らない開発行為とほぼ同様の例外 ①一定の農林漁業用建築物・農林漁業者の居住用建築物の新築等 ②鉄道施設、図書館、公民館、変電所等の新築等 ③仮設建築物の新築等

建築確認

都市計画区域内の木造3階建て、延べ面積300㎡、高さ13m、軒の高さが9mの一戸建ての住宅に関する次の記述のうち、建築基準法上、誤っているものはどれか。

1　当該住宅について大規模の修繕をしようとする場合、建築確認を受けなければならない。

2　当該住宅を新築した場合、検査済証の交付を受けた後でなければ当該住宅を使用してはならないが、完了検査の申請が受理された日から7日を経過したときは、仮に使用することができる。

3　当該住宅の新築の工事が完了した場合には、その旨を工事が完了した日から4日以内に到達するように、建築主事又は建築副主事の検査を申請しなければならない。

4　当該住宅を下宿に用途変更する場合、建築確認を受ける必要はない。

解答・解説

1 **正しい。** 木造3階建ての建築物について行う大規模の修繕・模様替には、建築確認が必要である（建築基準法6条1項2号）。

2 **正しい。** 木造の建築物で3以上の階数を有するものの新築に関しては、検査済証の交付がなければ当該建築物を使用できないが、完了検査の申請が受理された日から7日を経過したとき等においては、仮使用できる（建築基準法7条の6第1項3号）。

3 **正しい。** 工事完了検査の申請は、4日以内に建築主事又は建築副主事に到達するようにしなければならない（建築基準法7条2項本文）。

4 **誤り。** その延べ面積が200㎡を超えている住宅を下宿へ用途変更する場合、建築確認が必要となる（建築基準法6条1項1号、87条1項）。

必勝合格**Check!**

建築確認の要否

建築物の種類・規模		建築		大規模 修繕 模様替	用途 変更	適用区域
		新築	増築　改築 移転			
用途に供する部分の床面積の 合計が200㎡を超える特殊建築物 （1号建築物）		○	○ 注①	○	○ 注②	全国
木造 大規模建築物 （2号建築物）	①3階以上 ②延べ面積500㎡超 ③高さ13m超 ④軒高9m超	○	○ 注①	○		
木造以外の 大規模建築物 （3号建築物）	①2階以上 ②延べ面積200㎡超	○	○ 注①	○		
上記以外の 建築物 （4号建築物）	一般建築物 200㎡以下の 特殊建築物等	○	○			都市計画区域 準都市計画区域 準景観地区 知事指定区域

○：建築確認の申請が必要な場合
注①：増築後に、建築確認を要する特殊建築物、建築確認を要する大規模建築物となる場合
注②：建築確認を要する特殊建築物に変更する場合（類似の用途に変更する場合：建築確認は不要）

問題 **125** 重要度 B 難易度 ★★☆ Check! ✓

建築確認

建築基準法に関する次の記述のうち、正しいものはどれか。

1 建築主事は、建築主から建築物の確認の申請を受けた場合において、申請に係る建築物の計画が建築基準法令の規定に適合しているかを審査すれば足り、それ以外の都市計画法等の法律の規定に適合しているかは審査の対象外である。

2 都道府県知事は、建築主から構造計算適合性判定を求められた場合においては、原則として、当該構造計算適合性判定の申請書を受理した日から35日以内にその結果を記載した通知書を建築主に交付しなければならない。

3 建築確認を申請しようとする建築主は、あらかじめ、当該確認に係る建築物の所在地を管轄する消防長又は消防署長の同意を得ておかなければならない。

4 木造3階建て、延べ面積が400㎡の住宅を新築する場合において、特定行政庁が、安全上、防火上及び避難上支障がないと認めたときは、検査済証の交付を受ける前においても、仮に、当該建築物を使用することができる。

解答・解説

1 誤り。建築主事は、建築確認の申請を受けた場合においては、申請に係る建築物の計画が建築基準関係規定に適合するかどうかを審査しなければならない（建築基準法6条4項）。この建築基準関係規定には、建築基準法令の規定だけではなく、その他建築物の敷地、構造又は建築設備に関する法律等も含まれることから（建築基準法6条1項）、都市計画法等の建築基準法以外の法律の規定に適合しているかも審査の対象となる。

2 誤り。都道府県知事は、建築主から構造計算適合性判定を求められた場合においては、原則として、当該構造計算適合性判定の申請書を受理した日から「14日以内」にその結果を記載した通知書を当該建築主に交付しなければならない(建築基準法6条の3第4項)。

3 誤り。この確認に係る建築物の所在地を管轄する消防長又は消防署長の同意を得なければならないのは、確認を行う建築主事、建築副主事又は指定確認検査機関である（建築基準法93条1項本文）。建築主がその同意を得るのではない。

4 正しい。2号建築物の新築の場合は、完了検査の検査済証の交付を受けた後でなければ、当該建築物を使用してはならないのが原則であるが、特定行政庁が、安全上、防火上及び避難上支障がないと認めたときには、例外的に、仮に、当該建築物を使用することができる（建築基準法7条の6第1項1号）。本肢の木造建築物3階建ての住宅は、2号建築物（建築基準法6条1項2号）に該当し、新築の場合であるため、原則として検査済証の交付を受けた後でなければ、当該建築物を使用してはならないが、上記の例外に該当し、仮に使用することができる。

問題
126 **単体規定**

建築基準法に関する次の記述のうち、誤っているものはどれか。

1　建築物に設ける昇降機は、安全な構造で、かつ、その昇降路の周壁及び開口部は、防火上支障がない構造でなければならない。

2　住宅の居室で地階に設けるものは、壁及び床の防湿の措置その他の事項について衛生上必要な政令で定める技術的基準に適合するものとしなければならない。

3　便所には、採光及び換気のため直接外気に接する窓を設けなければならないが、水洗便所で、これに代わる設備をした場合においては、この限りでない。

4　階段及びその踊場の両側（手すりが設けられた側を含む。）には、側壁又はこれに代わるものを設けなければならない。

解答・解説

1 **正しい。**建築物に設ける昇降機は、安全な構造で、かつ、その昇降路の周壁及び開口部は、防火上支障がない構造でなければならない（建築基準法34条1項）。

2 **正しい。**住宅の居室、学校の教室、病院の病室又は寄宿舎の寝室で地階に設けるものは、壁及び床の防湿の措置その他の事項について衛生上必要な政令で定める技術的基準に適合するものとしなければならない（建築基準法29条）。

3 **正しい。**便所には、採光及び換気のため直接外気に接する窓を設けなければならない。ただし、水洗便所で、これに代わる設備をした場合においては、この限りでない（建築基準法施行令28条）。

4 **誤り。**階段及びその踊場の両側（手すりが設けられた側を除く。）には、側壁又はこれに代わるものを設けなければならない（建築基準法施行令25条2項）。

重要度 A 　　難易度 ★☆☆

127 道路制限

建築基準法に関する次の記述のうち、誤っているものはどれか。

1 　敷地が建築基準法第42条に規定する道路に2m以上接道していなくても、特定行政庁が交通上、安全上、防火上及び衛生上支障がないと認めて開発審査会の同意を得て許可した場合には、建築物を建築してもよい。

2 　A所有の都市計画法による市街化区域内の宅地甲（面積20,000㎡）をBが取得した場合に甲地が都市計画法による第二種住居地域に指定されているときは、建築基準法の規定によると、原則としてBは、甲地に床面積の合計が10,000㎡を超える店舗を建築することができない。

3 　建築物が第二種低層住居専用地域と第二種住居地域にわたる場合、当該建築物の敷地の過半が第二種住居地域であるときでも、第二種低層住居専用地域に属する部分は、北側斜線制限が適用される。

4 　建築基準法第56条の2第1項の規定による日影規制の対象区域は、地方公共団体が条例で指定することとされているが、商業地域、工業地域及び工業専用地域においては、日影規制の対象区域として指定することができない。

解答・解説

1 **誤り。**建築物の敷地は、道路に2m以上接していなければならないのが原則であるが、その敷地の周囲に広い空地を有する建築物その他の国土交通省令で定める基準に適合する建築物で特定行政庁が交通上、安全上、防火上及び衛生上支障がないと認めて「建築審査会」の同意を得て許可したものについては、この限りではない（建築基準法43条2項2号）。

2 **正しい。**第二種住居地域においては、原則として店舗は床面積の合計が10,000㎡以下のものに限り、建築することができる（建築基準法48条6項、別表第2）。

3 **正しい。**建築物のうち、第二種低層住居専用地域に属する部分は、北側斜線制限の適用を受ける。斜線制限については、敷地面積の過半の属する地域等における法の制限によるわけではない（建築基準法56条1項3号・5項、91条）。

4 **正しい。**商業地域、工業地域及び工業専用地域は、日影規制の対象区域とならない（建築基準法56条の2第1項、別表第4）。

問題 重要度 B 難易度 ★★☆ Check! ✓

128 建蔽率・容積率

建築基準法に関する次の記述のうち、正しいものはどれか。

1 建築物の容積率の算定の基礎となる延べ面積には、住宅又は老人ホーム等に設ける給湯設備等を設置するための機械室の床面積は、常に算入しないものとされている。

2 建築物の容積率の算定の基礎となる延べ面積には、共同住宅の共用の廊下及び階段部分は、当該共同住宅の延べ面積の3分の1を限度として、算入しないものとされている。

3 公園内にある建築物で特定行政庁が安全上、防火上及び衛生上支障がないと認めて許可したものについては、建蔽率の制限は適用されない。

4 第一種低層住居専用地域内においては、居住の用に供する建築物の高さは、10m又は12mのうち当該地域に関する都市計画において定められた建築物の高さの限度を超えて建築できる場合はない。

解答・解説

1   **誤り**。建築物の容積率の算定の基礎となる延べ面積には、住宅又は老人ホーム等に設ける機械室等の部分（給湯設備等を設置するためのものであって、市街地の環境を害するおそれがないものとして国土交通省令で定める基準に適合するものに限る。）で、特定行政庁が交通上、安全上、防火上及び衛生上支障がないと認めるものの床面積は、算入しないものとされている（建築基準法52条6項3号）。給湯設備等を設置するための機械室であれば常に算入しないものとされているわけではない。

2   **誤り**。建築物の容積率の算定の基礎となる延べ面積には、共同住宅又は老人ホーム等の共用の廊下又は階段の用に供する部分の床面積はすべて算入しないものとされている（建築基準法52条6項）。3分の1を限度として算入しないものとされているわけではない。

3   **正しい**。公園、広場、道路、川その他これらに類するものの内にある建築物で特定行政庁が安全上、防火上及び衛生上支障がないと認めて許可したものについては、建蔽率の制限は適用されない（建築基準法53条6項3号）。

4   **誤り**。第一種低層住居専用地域、第二種低層住居専用地域又は田園住居地域内においては、居住用建築物の高さは、10m又は12mのうち当該地域に関する都市計画において定められた高さの限度を超えてはならないが（建築基準法55条1項）、再生可能エネルギー源の利用に資する設備の設置のため必要な屋根に関する工事等を行う建築物で構造上やむを得ないものとして国土交通省令で定めるものであって、特定行政庁が低層住宅に係る良好な住居の環境を害するおそれがないと認めて許可したものの高さは、その許可の範囲内において、当該限度を超えるものとすることができる（同条3・5項）。

重要度 B　　**難易度 ★★☆**　　Check! ✓

129 高さ制限等

地上２階建て、延べ面積150㎡、高さ10m、軒の高さ７mの住宅に関する次の記述のうち、建築基準法の規定によれば、誤っているものはどれか。

1　当該住宅が鉄筋コンクリート造のものである場合、構造計算によって確かめられる安全性を有することが必要とされる。

2　当該住宅が第一種低層住居専用地域内にある場合、日影による中高層の建築物の高さの制限を受けることがある。

3　当該住宅の80㎡の床面積の部分について、診療所にその用途を変更する場合、建築確認を受ける必要はない。

4　当該住宅が防火地域内にある場合、耐火建築物又はこれと同等以上の延焼防止時間となる建築物にしなければならない。

解答・解説

1 **正しい。**木造以外の建築物で、階数が2以上又は延べ面積が200㎡を超えるものは、構造計算による安全性の確認が義務づけられている（建築基準法20条3号）。

2 **誤り。**日影による中高層の建築物の高さの制限（いわゆる日影制限）は、地方公共団体の条例で指定する対象区域内における一定の規模を有する建築物について適用されるものであり、第一種低層住居専用地域において指定された対象区域内では、軒の高さが7mを超える建築物又は地階を除く階数が3以上の建築物がその適用を受けるものとされている（建築基準法56条の2第1項、別表第4号）。

3 **正しい。**建築物の用途を変更して、法で定める用途に供する特殊建築物のいずれかで、その用途に供する部分の床面積の合計が200㎡を超えるものにする場合に、建築確認を受けることが必要となる（建築基準法87条1項、6条1項1号）。診療所（入院ベッドがある場合に限る。）は特殊建築物に該当するが（建築基準法2条2号）、80㎡の診療所への用途変更である本肢では、建築確認は不要である。

4 **正しい。**防火地域内においては、階数が3以上であり、又は延べ面積が100㎡を超える建築物は、原則として、耐火建築物又はこれと同等以上の延焼防止時間となる建築物にしなければならない（建築基準法61条）。

130 建築基準法総合

建築基準法に関する次の記述のうち、正しいものはどれか。

1　延べ面積が200㎡の共同住宅を増築しようとする場合において、その増築に係る部分の床面積の合計が20㎡であるときは、建築確認を受ける必要はない。

2　住宅の地上階における居住のための居室には、採光のための窓その他の開口部を設け、その採光に有効な部分の面積は、原則として、その居室の床面積に対して7分の1以上としなければならない。

3　第一種中高層住居専用地域で、かつ、防火地域内にある準耐火建築物の建蔽率については、都市計画において定められた建蔽率の数値に10分の1を加えた数値が限度となる。

4　隣地境界線から後退して壁面線の指定がある場合において、当該壁面線を越えない建築物で、建築審査会が安全上、防火上及び衛生上支障がないと認めて許可したものの建蔽率は、当該許可の範囲内において建蔽率による制限が緩和される。

解答・解説

1 **誤り**。共同住宅は特殊建築物であることから、200㎡を超える場合には建築確認が必要となる。本肢の場合、200㎡の共同住宅を増築しようとしており、増築後において200㎡を超えることとなるため、建築確認が必要となる（建築基準法6条1項）。

2 **正しい**。住宅の地上階における居住のための居室には、採光のための窓その他の開口部を設け、その採光に有効な部分の面積は、原則として、その居室の床面積に対して7分の1以上としなければならない（建築基準法28条1項）。

3 **誤り**。都市計画において定められた建蔽率の限度が10分の8とされている地域外で、かつ、防火地域内にある「耐火建築物又はこれと同等以上の延焼防止性能を有する建築物」の建蔽率については、都市計画において定められた建蔽率の数値に10分の1を加えた数値が限度となる（建築基準法53条3項）。しかし、準耐火建築物では建蔽率の数値に10分の1を加えることができない。

4 **誤り**。隣地境界線から後退して壁面線の指定がある場合において、当該壁面線を越えない建築物で、「特定行政庁」が安全上、防火上及び衛生上支障がないと認めて許可したものの建蔽率は、当該許可の範囲内において建蔽率による制限が緩和される（建築基準法53条4項）。建築審査会の許可ではない。なお、特定行政庁が当該許可をする場合においては、あらかじめ、建築審査会の同意を得なければならない（同法53条9項、44条2項）。

131 国土利用計画法

国土利用計画法第23条の届出（以下この問において「事後届出」という。）に関する次の記述のうち、正しいものはどれか。

1　個人Aが所有する市街化区域内の2,000㎡の土地について、宅地建物取引業者Bが抵当権の設定を受けた場合、Bは、抵当権設定契約を締結した日から起算して2週間以内に事後届出を行う必要がある。

2　宅地建物取引業者Cが、市街化調整区域内の6,000㎡の宅地を、3,000㎡ずつに分割して個人Dと個人Eに売却する契約を締結した場合、CとD及びCとEは、それぞれの契約を締結した日から起算して2週間以内に事後届出を行う必要がある。

3　宅地建物取引業者Fが、事後届出に係る土地の売買契約の対価の額について甲県知事から勧告を受けたにもかかわらず、その勧告に従わなかった場合、甲県知事は、当該届出に係る土地の売買契約を無効にすることができ、あわせて罰則を適用することもできる。

4　宅地建物取引業者Gから事後届出を受けた乙県知事は、その届出の日から起算して3週間以内に勧告をすることができない合理的な理由があれば、3週間の範囲内において、当該期間を延長することができる。

解答・解説

1 誤り。事後届出を要する行為は、①土地に関する所有権・地上権・賃借権又はこれらの権利の取得を目的とする権利を、②有償で移転又は設定する、③契約（予約も含む。）である。したがって、抵当権の設定は、①に該当せず事後届出は不要である。なお、抵当権の実行としての土地の競売は、①〜③に該当し、本来事後届出を要する行為に当たることとなるが、例外的に事後届出は不要とされている（国土利用計画法14条、23条）。

2 誤り。複数の土地を取引する場合、個々の土地は届出対象面積に満たなくても、全体として届出対象面積以上になり、「一団の土地取引」として評価することができるときは、届出が必要になる。この「一団の土地取引」にあたるかどうかは、事後届出の場合、権利取得者のもとで一団の土地として届出対象面積以上になるかどうか（いわゆる「買いの一団」）で判断され、一団の土地を分割して譲渡するような場合（いわゆる「売りの一団」）は、個々の土地取引が届出対象面積に達しなければ、事後届出を要しない（国土利用計画法23条2項1号かっこ書）。

3 誤り。事後届出を受けた都道府県知事は、土地の利用目的について必要な変更をすべきことを勧告することはできるが、対価の額について勧告をすることはできない（国土利用計画法24条1項）。また、勧告を受けた者がその勧告に従わない場合、その旨及びその勧告の内容を公表することはできるが、契約は有効であり、罰則の適用もない（国土利用計画法26条）。

4 正しい。都道府県知事は、事後届出に係る土地の利用目的について必要な変更をすべきことを勧告するときは、原則として、届出があった日から起算して3週間以内にしなければならない。ただし、3週間以内に勧告をすることができない合理的な理由があるときは、3週間の範囲内において、当該期間を延長することができる（国土利用計画法24条）。

国土利用計画法

国土利用計画法第23条に規定する届出（以下この問において「事後届出」という。）に関する次の記述のうち、正しいものはどれか。

1　Aが所有する区域区分が定められていない都市計画区域内の土地5,000㎡とBが所有する都市計画区域外の土地12,000㎡を交換した場合、Aは事後届出を行わなければならないが、Bは事後届出を行う必要がない。

2　市街化区域に所在する一団の土地である甲土地（面積1,500㎡）と乙土地（面積1,500㎡）について、甲土地については売買によって所有権を取得し、乙土地については対価の授受を伴う賃借権の設定を受けたCは、事後届出を行わなければならない。

3　丙市が所有する市街化調整区域内の6,000㎡の土地を丙市から買い受けたDは、事後届出を行わなければならない。

4　事後届出に当たっては、土地売買等の対価の額については都道府県知事（地方自治法に基づく指定都市にあっては、当該指定都市の長）に届け出る必要がない。

解答・解説

1 誤り。交換は、届出の対象となる。また、区域区分が定められていない都市計画区域内の土地5,000㎡、都市計画区域外の土地12,000㎡は、それぞれ届出対象面積にあたる。したがって、A及びBは事後届出を行わなければならない（国土利用計画法14条1項、23条2項1号ロ・ハ）。

2 正しい。乙土地については、対価の授受を伴う賃借権の設定を受けたものであるから、届出の対象となる。したがって、甲土地及び乙土地の合計で判断することになり、市街化区域内で3,000㎡あるので、Cは事後届出を行わなければならない（国土利用計画法14条1項、23条2項1号イ）。

3 誤り。当事者の一方又は双方が国、地方公共団体等である場合には、事後届出は不要である（国土利用計画法23条2項3号、18条）。

4 誤り。土地売買等の契約に係る対価の額についても、都道府県知事に届け出なければならない（国土利用計画法23条1項6号）。

必勝合格Check!

事後届出制のまとめ

	事後届出制
適用区域	無指定区域
届出時期	契約締結日から起算して2週間以内
届出義務者	権利取得者
届出先	都道府県知事（市町村長経由）
届出対象面積	市街化区域内　　　　　　　　　　　　　　　　2,000㎡以上 市街化調整区域及び非線引き都市計画区域内　5,000㎡以上 都市計画区域外（準都市計画区域など）　　　10,000㎡以上
届出事項	①土地の利用目的 ②対価の額　　　　　等

問題 133

重要度 A　　難易度 ★★★

国土利用計画法

国土利用計画法第23条の届出（以下この問において「事後届出」という。）及び同法第27条の7の届出（以下この問において「事前届出」という。）に関する次の記述のうち、正しいものはどれか。ただし、地方自治法に基づく指定都市の特例については考慮しないものとする。

1　農地法第5条に基づく許可の申請をすれば、当該許可を停止条件とする農地の売買については、事前届出及び事後届出をする必要はない。
2　監視区域内に所在する土地について締結した土地の交換契約については、事後届出をする必要はない。
3　監視区域の指定を解除する旨の公告があった場合において、当該解除に係る区域内の土地について土地売買等の契約を締結したときは、一切、事後届出を行う必要はない。
4　Aが所有する市街化区域に所在する面積5,000㎡の一団の土地を分譲して、1,500㎡をBに、3,500㎡をCに売却する契約をAがそれぞれB及びCと締結した場合、B及びCは事後届出を行う必要はない。

275

解答・解説

1　**誤り。**農地法第5条に基づく許可の申請をしても、当該許可を停止条件とする農地の売買につき、事後届出及び事前届出をする必要がある（国土利用計画法23条、27条の7）。

2　**正しい。**監視区域内の土地に係る土地売買等の契約には事前届出の制度が適用されることから、事後届出をする必要はない（国土利用計画法23条）。

3　**誤り。**監視区域の指定が解除された後であっても、届出対象面積以上の土地について土地売買等の契約を締結した場合には、原則として、事後届出が必要である（国土利用計画法23条）。

4　**誤り。**市街化区域における事後届出が必要な面積は、2,000㎡以上である（国土利用計画法23条）。Bの取得面積は1,500㎡であり事後届出は不要であるが、Cの取得面積は3,500㎡なので事後届出が必要である。

 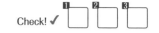
農地法

農地法（以下この問において「法」という。）に関する次の記述のうち、誤っているものはどれか。

1　農業者が耕作目的で農地を取得しようとする場合において、当該農地がその取得しようとする者の住所のある市町村の区域外にあるか否かにかかわらず、農業委員会の許可を受ける必要がある。

2　市街化調整区域内にある採草放牧地を宅地に転用する目的で贈与しようとする場合、その面積にかかわらず、都道府県知事（農林水産大臣の指定する市町村の区域内では指定市町村長）の許可を受ければよい。

3　法第3条又は第5条の許可を要する農地の権利移転について、これらの許可を受けないでした行為は、その効力を生じないが、罰則の規定の適用はない。

4　建設資材を一時置く目的で農地を賃借し、使用後は農地に復元して返還するつもりであるときでも、法第5条の許可を得る必要がある。

解答・解説

1 **正しい。**以前は、農地又は採草放牧地の所有権等を取得する者がその住所のある市町村の区域の外にある農地又は採草放牧地についてそれらの権利を取得する場合には、都道府県知事の許可が必要だった。しかし、法改正により、3条の許可は、その農地等がそれらの権利を取得する者の住所地のある市町村の区域内にあるか否かに関係なく、許可権者は農業委員会となった（農地法3条1項）。

2 **正しい。**無償であっても転用目的で権利移動をしているので、5条の許可が必要となる。なおこれまで、4haを超える農地について農林水産大臣の許可制度があったが法改正により、農地か採草放牧地か、あるいは面積にかかわらず、都道府県知事（農林水産大臣の指定する市町村の区域内では指定市町村長）の許可となった（農地法5条1項）。

3 **誤り。**3条と5条の場合、権利移動が行われるので、無許可のときには、その効力が問題となる。仮にこの知識を持っていなかったとしても、法の目的から考えれば、権利移動の効力は生じないと推測できるであろう（農地法3条6項、5条3項）。そして、無許可でしたこれらの行為については、3年以下の懲役又は300万円以下の罰金に処せられる（農地法64条1号）。

4 **正しい。**たとえ一時使用の目的であれ、短期間の貸借であれ、これにつき許可を不要とする規定はない。よって、転用目的で権利の設定をするのであるから、原則どおり5条の許可が必要である（農地法5条1項）。

135 農地法

農地法に関する次の記述のうち、正しいものはどれか。

1　農業者が自ら居住している住宅の改築に必要な資金を銀行から借りるため、自己所有の農地に抵当権を設定する場合、農地法第3条第1項の許可を受ける必要はない。

2　市街化区域内の農地を耕作目的で取得する場合、あらかじめ農業委員会に届け出れば、法第3条第1項の許可を受ける必要はない。

3　建設業者が、工事終了後農地に復元して返還する条件で、市街化調整区域内の農地を2か月間資材置場として借り受ける場合、農地法第5条第1項の許可を受ける必要はない。

4　農業者が自らの農地に賃貸住宅を建てるため、農地法第4条第1項の許可を受けていた場合、その後工事着工前に当該農地を賃貸住宅用地として売却する場合、改めて農地法第5条第1項の許可を受ける必要はない。

解答・解説

1 **正しい**。抵当権を設定する場合、当該農地の使用収益権は移転しない。したがって、農地法3条1項の許可を受ける必要はない。

2 **誤り**。市街化区域内の農地を農地以外に転用する場合、あらかじめ農業委員会に届け出れば、農地法4条、そして、農地法5条の許可を受ける必要はない（農地法4条1項ただし書8号、5条1項ただし書7号）。しかし、農地を耕作目的で取得する場合にこのような例外はないため、農地法3条の許可が必要となる。

3 **誤り**。一時的に農地を借り受ける場合であっても、転用目的権利移動に該当するため、農地法5条1項の許可が必要となる（農地法5条1項ただし書参照）。

4 **誤り**。本肢の農地は、4条の許可を受けているにすぎず、転用目的権利移動についての許可である農地法第5条第1項の許可は受けていない。したがって、当該農地を賃貸住宅用地として売却する場合、改めて農地法第5条第1項の許可を受ける必要がある（農地法5条1項ただし書参照）。

問題
136

農地法

農地法（以下この問において「法」という。）に関する次の記述のうち、正しいものはどれか。

1 都道府県が、医療施設の建設の用地に供する目的で農地の所有権を取得する場合、法第5条第1項の許可を受ける必要はない。

2 耕作の事業を行う者が、市街化区域内にある農地の所有権を耕作の用に供する目的で取得する場合、あらかじめ農業委員会に届け出れば、法第3条第1項の許可を受ける必要はない。

3 耕作の事業を行う者が、その所有する農地のうち2アールを農業用倉庫として自己が利用する目的で転用する場合、法第4条第1項の許可を受けなければならない。

4 農地の所有権を相続により取得した者は、法第3条第1項の許可を受ける必要も、法第3条の3の届出をする必要もない。

解答・解説

1　**誤り**。国・都道府県・農林水産大臣の指定する市町村が、道路、農業用
　　用排水施設等一定の施設の用に供するため権利を取得する場合は、農地
　　法5条1項の許可は不要となる（農地法5条1項1号、同施行規則25
　　条）。医療施設は、かかる許可が不要となる例外的な施設に該当しない。

2　**誤り**。市街化区域内にある農地又は採草放牧地について、あらかじめ農
　　業委員会に届け出て、転用する目的で権利移動をする場合には、農地法
　　5条1項の許可を要しない（農地法5条1項7号）。これに対して、転
　　用する目的ではなく、農地として権利移動を行う場合については、この
　　ような例外はなく、農地法3条1項の許可を受けなければならない。

3　**正しい**。耕作の事業を行う者が、その所有する農地を、その者の農作物
　　の育成もしくは養畜の事業のための農業用施設に転用する場合、その面
　　積が2アール未満であれば、農地法4条1項の許可を要しないが（農地
　　法4条1項9号、同施行規則29条1号）、本肢では、その面積が2アー
　　ルであるため、原則どおり、農地法4条1項の許可を受けなければなら
　　ない。

4　**誤り**。農地の所有権を相続により取得した者は、農地法3条1項の許可
　　を受ける必要はないが、農地法3条の3により、遅滞なく、農業委員会
　　へ届け出る必要がある（農地法3条1項、3条の3）。

問題
137

重要度 A　　難易度 ★★☆　　Check! ✓

農地法

農地の賃貸借に関する次の記述のうち、農地法（以下この問において「法」という。）及び民法の規定によれば、正しいものはどれか。

1　農地の賃貸借の当事者は、政令で定めるところにより都道府県知事の許可を受けなければ、賃貸借の解除をし、解約の申入れをし、合意による解約をし、又は賃貸借の更新をしない旨の通知をしてはならない。

2　農地の賃貸借について法第3条第1項の許可を得て農地の引渡しを受けても、土地登記簿に登記をしなかった場合、その後、その農地について所有権を取得した第三者に対抗することができない。

3　賃貸借の存続期間については、民法上は50年を超えることができないこととされているが、農地の賃貸借については、30年を超えることができない。

4　農地の賃貸借契約については、当事者は、口頭によりその存続期間、借賃等の額及び支払条件その他その契約並びにこれに付随する契約の内容を明らかにすることができる。

解答・解説

1　**正しい**。農地又は採草放牧地の賃貸借の当事者は、原則として、政令で定めるところにより都道府県知事の許可を受けなければ、賃貸借の解除をし、解約の申入れをし、合意による解約をし、又は賃貸借の更新をしない旨の通知をしてはならない（農地法18条1項）。賃借人の地位の安定を図るためである。

2　**誤り**。農地の賃貸借は、その登記がなくても、農地の「引渡し」があったときは、その後、その農地について物権を取得した第三者に対抗できる（農地法16条）。

3　**誤り**。農地の賃貸借についても民法と同様50年までの存続期間が認められる（民法604条1項）。

4　**誤り**。農地又は採草放牧地の賃貸借契約については、当事者は、「書面」によりその存続期間、借賃等の額及び支払条件その他その契約並びにこれに付随する契約の内容を明らかにしなければならない（農地法21条）。

問題 138 重要度 B 難易度 ★★☆ Check! ✓

宅地造成及び特定盛土等規制法

宅地造成及び特定盛土等規制法に関する次の記述のうち、正しいものはどれか。なお、この問において「都道府県知事」とは、地方自治法に基づく指定都市及び中核市にあってはその長をいうものとする。

1 国土交通大臣は、宅地造成等に伴い災害が生ずるおそれが大きい市街地若しくは市街地となろうとする土地の区域又は集落の区域（これらの区域に隣接し、又は近接する土地の区域を含む。）であって、宅地造成等に関する工事について規制を行う必要があるものについて、宅地造成等工事規制区域として指定することができる。

2 宅地造成等工事規制区域内において、過去に宅地造成等に関する工事が行われ現在は工事主とは異なる者がその工事が行われた土地を所有している場合、当該土地の所有者は、宅地造成等に伴う災害が生じないよう、その土地を常時安全な状態に維持するように努めなければならない。

3 宅地造成とは、宅地を宅地以外の土地にするため、又は宅地以外の土地を宅地にするために行う盛土その他の土地の形質の変更で政令で定めるものをいう。

4 宅地造成等工事規制区域内の土地（公共施設用地を除く。）において、地表水等を排除するための排水施設の除却の工事を行おうとする者は、宅地造成等に関する工事の許可を受けた場合等を除き、工事に着手した日から14日以内までに、その旨を都道府県知事に届け出なければならない。

解答・解説

1　**誤り**。宅地造成等工事規制区域は、基本方針に基づき、かつ、基礎調査の結果を踏まえ、宅地造成等に伴い災害が生ずるおそれが大きい市街地若しくは市街地となろうとする土地の区域又は集落の区域（これらの区域に隣接し、又は近接する土地の区域を含む。）であって、宅地造成等に関する工事について規制を行う必要があるものについて、「都道府県知事」（指定都市又は中核市の区域内の土地については、それぞれ指定都市又は中核市の長）が指定することができる（宅地造成及び特定盛土等規制法10条1項）。国土交通大臣は指定することができない。

2　**正しい**。宅地造成等工事規制区域内の土地の所有者、管理者又は占有者は、宅地造成等（宅地造成等工事規制区域の指定前に行われたものを含む。）に伴う災害が生じないよう、その土地を常時安全な状態に維持するように努めなければならない（宅地造成及び特定盛土等規制法22条1項）。過去に宅地造成等に関する工事が行われ、現在は工事主とは異なる者が工事が行われた土地を所有している場合には、現在の所有者がこの努力義務を負う。

3　**誤り**。本法における宅地造成とは、宅地以外の土地を宅地にするために行う盛土その他の土地の形質の変更で政令で定めるものをいい、宅地を宅地以外の土地にするために行う盛土その他の土地の形質の変更は宅地造成に該当しない（宅地造成及び特定盛土等規制法2条2号）。

4　**誤り**。宅地造成等工事規制区域内の土地（公共施設用地を除く。）において、擁壁若しくは崖面崩壊防止施設で高さが2mを超えるもの、地表水等を排除するための排水施設又は地滑り抑止ぐい等の全部又は一部の除却の工事を行おうとする者（許可を受けた者等を除く。）は、その工事に着手する日の「14日前」までに、主務省令で定めるところにより、その旨を都道府県知事に届け出なければならない（宅地造成及び特定盛土等規制法21条3項、同施行令26条1項）。

問題 139　宅地造成及び特定盛土等規制法

宅地造成及び特定盛土等規制法に関する次の記述のうち、誤っているものは
どれか。なお、この問において「都道府県知事」とは、地方自治法に基づく
指定都市及び中核市にあってはその長をいうものとする。

1　宅地造成等工事規制区域内において、宅地以外の土地を宅地にするため
　の切土であって、当該切土をする土地の面積が500㎡で、かつ、高さ
　2ｍの崖を生ずることとなるものに関する工事を行う場合には、一定の
　場合を除き、都道府県知事の許可を受けなければならない。

2　都道府県知事は、宅地造成等工事規制区域内において行われる宅地造成
　等に関する工事の許可の申請があった場合においては、遅滞なく、許可
　又は不許可の処分をしなければならず、許可の処分をしたときは許可証
　を交付し、不許可の処分をしたときは文書をもってその旨を通知しなけ
　ればならない。

3　宅地造成等工事規制区域内において行われる宅地造成等に関する工事の
　許可を受けた者が、工事施行者の氏名を変更する場合には、遅滞なくそ
　の旨を都道府県知事に届け出ればよく、改めて許可を受ける必要はな
　い。

4　特定盛土等規制区域内において行われる特定盛土等又は土石の堆積に関
　する一定の工事については、工事主は、工事に着手する日の30日前ま
　でに都道府県知事に届け出なければならない。

解答・解説

1 **誤り。**宅地造成等工事規制区域内において宅地以外の土地を宅地にするために行う切土であって、当該切土部分に高さが2mを超える崖を生ずることとなるもの、又は当該切土をする土地の面積が500㎡を超えるものであれば「宅地造成」に該当し、原則として、都道府県知事の許可が必要となる（宅地造成及び特定盛土等規制法2条2号、同施行令3条2・5号）。本肢の切土は、いずれの規模も超えていないことから、宅地造成に該当せず、都道府県知事の許可は不要である。

2 **正しい。**都道府県知事は、法12条1項本文の許可の申請があった場合においては、遅滞なく、許可又は不許可の処分をしなければならず、許可の処分をしたときは許可証を交付し、不許可の処分をしたときは文書をもってその旨を通知しなければならない（宅地造成及び特定盛土等規制法14条1・2項）。

3 **正しい。**宅地造成等工事規制区域内において行われる宅地造成等に関する工事の許可を受けた者は、主務省令で定める軽微な変更をしたときは、遅滞なく、その旨を都道府県知事に届け出なければならない（宅地造成及び特定盛土等規制法16条2項）。「工事主、設計者又は工事施行者の氏名・名称又は住所の変更」「工事の着手予定年月日又は工事の完了予定年月日の変更」は軽微な変更にあたる（宅地造成及び特定盛土等規制法施行規則38条）。

4 **正しい。**特定盛土等規制区域内において行われる特定盛土等又は土石の堆積に関する工事については、工事主は、一定の場合を除いて、当該工事に着手する日の「30日」前までに、当該工事の計画を都道府県知事に届け出なければならない（宅地造成及び特定盛土等規制法27条1項）。

問題 140　宅地造成及び特定盛土等規制法

重要度 B　**難易度 ★★☆**　Check! ✓

宅地造成及び特定盛土等規制法に関する次の記述のうち、正しいものはどれか。なお、この問において「都道府県知事」とは、地方自治法に基づく指定都市及び中核市にあってはその長をいうものとする。

1　宅地造成等工事規制区域内の土地の所有者は、宅地造成等に伴う災害が生じないよう、その土地を常時安全な状態に維持するよう努めなければならないが、この宅地造成等には、宅地造成等工事規制区域の指定前に行われたものは含まれない。

2　都道府県知事は、宅地造成等工事規制区域内の土地について、宅地造成等に伴う災害の防止のため必要があると認める場合には、その土地の所有者に対して、擁壁等の設置等の措置をとることを勧告することができる。

3　都道府県知事は、宅地造成等工事規制区域内で、宅地造成又は特定盛土等に伴う災害で相当数の居住者等に危害を生ずるものの発生のおそれが大きい一団の造成宅地の区域であって、一定の基準に該当するものを、造成宅地防災区域として指定することができる。

4　都道府県知事は、宅地造成等工事規制区域内で、土地の傾斜度等の自然的条件及び周辺地域における土地利用の状況その他の社会的条件からみて、当該区域内の土地において特定盛土等又は土石の堆積が行われた場合には、これに伴う災害により市街地等区域その他の区域の居住者等の生命又は身体に危害を生ずるおそれが特に大きいと認められる区域を、特定盛土等規制区域として指定することができる。

解答・解説

1 **誤り。**宅地造成等工事規制区域内の土地の所有者、管理者又は占有者は、宅地造成等（宅地造成等工事規制区域の指定前に行われたものを「含む」。）に伴う災害が生じないよう、その土地を常時安全な状態に維持するよう努めなければならない（宅地造成及び特定盛土等規制法22条1項）とされている。したがって、宅地造成等工事規制区域の指定前に行われたものは含まれないとしている点が誤り。

2 **正しい。**都道府県知事は、宅地造成等工事規制区域内の土地について、宅地造成等に伴う災害の防止のため必要があると認める場合においては、その土地の所有者、管理者、占有者、工事主又は工事施行者に対し、擁壁等の設置又は改造その他宅地造成等に伴う災害の防止のため必要な措置をとることを勧告することができる（宅地造成及び特定盛土等規制法22条2項）。

3 **誤り。**都道府県知事は、宅地造成又は特定盛土等（宅地において行うものに限る。）に伴う災害で相当数の居住者等に危害を生ずるものの発生のおそれが大きい一団の造成宅地（これに附帯する道路その他の土地を含み、宅地造成等工事規制区域内の土地を「除く」。）の区域であって政令で定める基準に該当するものを、造成宅地防災区域として指定することができる（宅地造成及び特定盛土等規制法45条1項）。よって、宅地造成等工事規制区域内においては、造成宅地防災区域を指定することができない。

4 **誤り。**都道府県知事は、宅地造成等工事規制区域「以外」の土地の区域であって、土地の傾斜度、渓流の位置その他の自然的条件及び周辺地域における土地利用の状況その他の社会的条件からみて、当該区域内の土地において特定盛土等又は土石の堆積が行われた場合には、これに伴う災害により市街地等区域その他の区域の居住者等の生命又は身体に危害を生ずるおそれが特に大きいと認められる区域を、特定盛土等規制区域として指定することができる（宅地造成及び特定盛土等規制法26条1項）。よって、宅地造成等工事規制区域内においては、特定盛土等規制区域を指定することができない。

土地区画整理法

土地区画整理事業に関する次の記述のうち、土地区画整理法の規定によれば、誤っているものはどれか。

1　土地区画整理組合が施行する土地区画整理事業において、当該組合の設立の認可の公告があった日から換地処分の公告がある日までは、当該事業の施行地区内の宅地で事業の障害となるおそれがある建築物の新築をしようとする者は、都道府県知事（市の区域内においては当該市の長）の許可を受けなければならない。

2　土地区画整理組合が施行する土地区画整理事業において、当該事業の施行地区内の宅地について当初から所有権を有する者だけでなく、当該宅地について事業施行中に当該宅地所有者から所有権を取得した者も当該組合の組合員となる。

3　土地区画整理事業の施行地区内の宅地において仮換地が指定された場合、従前の宅地の所有者は、仮換地指定の効力の発生の日から換地処分の公告がある日まで、当該従前の宅地を売却することはできない。

4　換地処分の公告があった場合においては、換地計画において定められた換地は、その公告があった日の翌日から従前の宅地とみなされ、従前の宅地に存した抵当権は、当該換地の上に存続する。

解答・解説

1 **正しい**。組合の設立等の認可等の公告があった日後、換地処分の公告があ
る日までは、施行地区内の宅地において事業の施行の障害となるおそ
れがある土地の形質の変更、建築物その他の工作物の新築・改築・増
築、政令で定める移動の容易でない物件（重量5ｔを超える物件）の設
置・堆積をしようとする者は、都道府県知事等の許可（国土交通大臣が
施行する土地区画整理事業にあっては国土交通大臣の許可）を受けなけ
ればならない（土地区画整理法76条1項、同施行令70条）。

2 **正しい**。組合が施行する土地区画整理事業に係る施行地区内の宅地につ
いて所有権又は借地権を有する者は、すべてその組合の組合員とする
（土地区画整理法25条1項）。したがって、土地区画整理事業の施行中
に組合員から施行地区内の宅地の所有権を取得した者も、当該組合の組
合員となる。

3 **誤り**。仮換地が指定されても、従前の宅地の所有者は、従前の宅地の処
分権を失うわけではない。したがって、従前の宅地の所有者は、換地処
分の公告がある日まで、従前の宅地についての処分権に基づいて、当該
宅地を売却することができる（土地区画整理法99条1項参照）。

4 **正しい**。換地処分の公告があった場合においては、換地計画において定
められた換地は、その公告があった日の翌日から従前の宅地とみなされ
る（土地区画整理法104条1項）。したがって、従前の宅地に存した抵
当権は、当該換地の上に存続する。

重要度 B　　難易度 ★★☆　　Check! ✓

土地区画整理法

土地区画整理事業に関する次の記述のうち、土地区画整理法の規定によれば、誤っているものはどれか。

1 組合施行の土地区画整理事業において、換地処分前に施行地区内の宅地について所有権を有する組合員から当該所有権を譲り受けた者は、当該組合の総会において賦課金徴収の議決があったときは、賦課金の納付義務を負う。

2 施行者は、換地処分を行う前において、必要がある場合には、換地計画において換地を定めないこととされる宅地の所有者に対して、宅地の使用又は収益を停止させることができる。

3 施行者は、仮換地を指定する場合には、仮換地の使用又は収益を開始できる日を仮換地の指定の効力発生の日と別に定めることができない。

4 施行地区内の宅地について存する地役権は、行使する利益がなくなった場合を除き、換地処分に係る公告があった日の翌日以後においても、なお従前の宅地の上に存する。

解答・解説

1　**正しい**。施行地区内の宅地について組合員の有する所有権又は借地権の全部又は一部を承継した者がある場合においては、その組合員がその所有権又は借地権の全部又は一部について組合に対して有する権利義務は、その承継した者に移転する。したがって、賦課金の納付義務を負う（土地区画整理法26条1項、40条1項）。

2　**正しい**。施行者は、換地処分を行う前において、土地の区画形質の変更の工事のため又は換地処分を行うためなど必要がある場合には、換地計画において換地を定めないこととされる宅地の所有者に対して、宅地の使用又は収益を停止させることができる（土地区画整理法100条）。

3　**誤り**。施行者が仮換地を指定する場合に、特別の事情がある場合には、仮換地の使用又は収益を開始できる日を、仮換地の指定の効力発生の日と別に定めることができる（土地区画整理法99条2項）。

4　**正しい**。施行地区内の宅地について存する地役権は、行使する利益がなくなった場合を除き、換地処分に係る公告があった日の翌日以後においても、なお従前の宅地の上に存する（土地区画整理法104条4・5項）。

問題 143

重要度 A　　難易度 ★☆☆　　Check! ✓

土地区画整理法

土地区画整理法における土地区画整理事業に関する次の記述のうち、正しいものはどれか。

1　土地区画整理組合が成立した場合、施行地区内の宅地について所有権又は借地権を有する者及び施行地区内の借家人は、すべて組合員となる。

2　土地区画整理法による建築行為等の規制に違反して建築された建築物等については、施行者は、事業の施行のため必要となったときは、いつでも移転又は除却を命ずることができる。

3　市町村が施行する土地区画整理事業にあっては、施行後の宅地の総価額が施行前の宅地の総価額を超える場合、換地計画に保留地を定めることができる。

4　換地処分は、換地計画に係る区域の全部について土地区画整理事業の工事がすべて完了した後でなければすることができない。

解答・解説

1 誤り。土地区画整理組合が成立した場合、施行地区内の宅地について所有権又は借地権を有する者はすべて組合員となるが、施行地区内の借家人は組合員とはならない（土地区画整理法25条1項）。

2 誤り。国土交通大臣又は都道府県知事等は、建築行為等の規制に違反して建築された建築物等について違反者等に対し、「相当の期限を定めて」その移転又は除却を命ずることができる（土地区画整理法76条4項）。施行者がいつでも移転又は除却を命ずることができるわけではない。

3 正しい。地方公共団体が施行する場合は、施行後の宅地の総価額が施行前の宅地の総価額を超える場合に、保留地を定めることができる（土地区画整理法96条2項）。

4 誤り。換地処分は、規準、規約、定款又は施行規程に別段の定めがある場合には、換地計画に係る区域の全部について工事が完了する以前においても行うことができる（土地区画整理法103条2項）。

必勝合格Check!

施行者

民間施行	個人 （1人又は数人共同）	宅地について所有権、借地権を有する者又はその同意を得た者 個人施行者の一般承継人
	土地区画整理組合	宅地について所有権又は借地権を有する者が設立する組合
	区画整理会社	宅地について所有権又は借地権を有する者を株主とする株式会社
公的施行	地方公共団体	都道府県又は市町村
	国土交通大臣	―
	都市再生機構 地方住宅供給公社	―

事業ごと（工区に分けた場合は工区ごとでもよい）に土地区画整理審議会を設置

土地区画整理組合

組合の設立	宅地についての所有権者、借地権者が7人以上共同
組合員	①施行地区内の宅地について所有権又は借地権を有する者 ②組合員の有する所有権又は借地権の全部又は一部を承継した者
賦課金の徴収	参加組合員以外の組合員に対して賦課徴収 ＊知事の認可は不要

問題 144 重要度 A　難易度 ★★☆　Check! ✓

その他の法令上の制限

次の記述のうち、正しいものはどれか。

1　都市緑地法によれば、特別緑地保全地区内において建築物の新築をしようとする者は、原則として都道府県知事（市の区域内においては当該市の長）の許可を受けなければならない。

2　生産緑地法によれば、生産緑地地区内において建築物の新築をしようとする者は、原則として都道府県知事の許可を受けなければならない。

3　土壌汚染対策法によれば、形質変更時要届出区域内において土地の形質の変更をしようとする者は、原則として環境大臣に届け出なければならない。

4　自然公園法によれば、国立公園の特別地域内において工作物を新築しようとする者は、原則として都道府県知事の許可を受けなければならない。

解答・解説

1　正しい。特別緑地保全地区内において建築物の新築をしようとする者は、原則として都道府県知事等の許可を受けなければならない（都市緑地法14条1項1号）。

2　誤り。生産緑地地区内において建築物の新築をしようとする者は、原則として「市町村長」の許可を受けなければならない（生産緑地法8条1項1号）。

3　誤り。形式変更時要届出区域内において土地の形質の変更をしようとする者は、原則として一定事項を「都道府県知事」に届け出なければならない（土壌汚染対策法12条1項）。

4　誤り。国立公園の特別地域（特別保護地区を除く。）内において工作物を新築しようとする者は、原則として「環境大臣」の許可を受けなければならない。都道府県知事の許可を要するのは、国定公園の特別地域（特別保護地区を除く。）内における工作物の新築等である（自然公園法20条3項1号）。

税・その他

不動産取得税

不動産取得税に関する次の記述のうち、正しいものはどれか。

1　不動産取得税は、不動産の取得があった年の翌年3月15日までに申告納付しなければならない。

2　10㎡に満たない土地の取得に対しては、狭小な不動産の取得者に対する税負担の排除の観点から、不動産取得税を課することができない。

3　令和6年4月に取得した新築住宅に係る不動産取得税の課税標準は、当該新築住宅の価格の2分の1の額とされる。

4　共有物の分割による不動産取得については、当該不動産の取得者の分割前の当該共有物に係る持分の割合を超えなければ不動産取得税は課されない。

解答・解説

1 **誤り**。不動産取得税の徴収については、普通徴収によらなければならない（地方税法73条の17第1項）。申告納付ではない。なお、不動産取得税の納期は、都道府県の条例で定める（同2項）。

2 **誤り**。不動産取得税の課税標準となるべき額が、土地の取得にあっては10万円、家屋の取得のうち建築に係るものにあっては1戸につき23万円、その他のものについては1戸につき12万円に満たない場合においては、不動産取得税を課することができないとの規定はある（地方税法73条の15の2第1項）。しかし、一定面積以下の者には課税されないという規定はない。

3 **誤り**。不動産取得税の課税標準について、2分の1の額とされる特例があるのは宅地の取得の場合である（地方税法附則11条の5第1項）。新築住宅（床面積が50㎡以上240㎡以下のものに限る）を取得した場合には、1戸につき1,200万円が価格から控除される（地方税法73条の14第1項、同施行令37条の16第1号）。

4 **正しい**。共有物の分割による不動産取得については、分割前の共有持分の割合を超える部分を取得する場合を除き、不動産取得税は課されない（地方税法73条の7第2号の3）。したがって、分割により取得した部分が、分割前の持分の割合を超えていないのであれば、不動産取得税は課されない。

重要度 A　　難易度 ★★★　　Check! ✓

問題 146 固定資産税

固定資産税に関する次の記述のうち、正しいものはどれか。

1　土地鑑定委員会は、固定資産評価基準を定め、これを告示しなければならない。

2　固定資産税における土地の価格は、市町村の廃置分合又は境界変更がない限り、必ず基準年度の価格を3年間据え置くこととされている。

3　固定資産税の納期は、毎年3月中において、当該市町村の条例で定めるが、特別の事情がある場合においては、これと異なる納期を定めることができる。

4　市町村長は、土地価格等縦覧帳簿並びに家屋価格等縦覧帳簿を、毎年3月31日までに作成しなければならないが、災害その他特別の事情がある場合においては、4月1日以後に作成することができる。

解答・解説

1 **誤り。**固定資産評価基準（固定資産の評価の基準並びに評価の実施の方法及び手続）を定め、これを告示しなければならないのは、「総務大臣」である（地方税法388条1項前段）。

2 **誤り。**土地又は家屋の価格は、原則として基準年度の価格が3年間据え置かれるが、市町村の廃置分合又は境界変更のほか、地目の変換、家屋の改築又は損壊その他これらに類する特別の事情がある場合には変更されることがある（地方税法349条2・3項）。

3 **誤り。**固定資産税の納期は、4月、7月、12月及び2月中において、当該市町村の条例で定める。ただし、特別の事情がある場合においては、これと異なる納期を定めることができる（地方税法362条1項）。

4 **正しい。**市町村長は、土地価格等縦覧帳簿並びに家屋価格等縦覧帳簿を、毎年3月31日までに作成しなければならない。ただし、災害その他特別の事情がある場合においては、4月1日以後に作成することができる（地方税法415条1項）。

147 譲渡所得

個人が令和6年中に、令和6年1月1日において所有期間が10年を超える家屋を譲渡した場合において、居住用財産を譲渡した場合の長期譲渡所得の課税の特例（以下この問において「軽減税率の特例」という。）に関する次の記述のうち、正しいものはどれか。

1　その家屋が火災により滅失した場合を除き、その家屋を譲渡する直前まで自己の居住の用に供していなければ、軽減税率の特例の適用を受けることができない。

2　その家屋の譲渡について、居住用財産を譲渡した場合の3,000万円特別控除の適用を受けるときは、3,000万円特別控除後の譲渡益について、軽減税率の特例の適用を受けることができない。

3　その家屋を配偶者に譲渡した場合は、軽減税率の特例の適用を受けることができる。

4　その家屋以外に自己の居住の用に供している家屋（所有期間10年超）を有しており、これらの家屋を同一年中に譲渡した場合には、その者が主として居住の用に供していると認められる家屋だけが軽減税率の特例の適用を受けることができる。

解答・解説

1 誤り。軽減税率の特例は、譲渡した年の1月1日において所有期間が10年を超える居住用財産で譲渡する直前まで居住の用に供されているものに限らず、居住の用に供されなくなった日から同日以後3年を経過する日の属する年の12月31日までの間に譲渡したものであっても、適用を受けることができる（租税特別措置法31条の3第2項2号）。

2 誤り。軽減税率の特例は、居住用財産を譲渡した場合の3,000万円の特別控除を適用した後の課税長期譲渡所得につき適用される（租税特別措置法31条の3第1項参照）。

3 誤り。居住用財産を配偶者に譲渡した場合などは、軽減税率の特例の適用を受けることができない（租税特別措置法31条の3第1項かっこ書、同施行令20条の3第1項）。

4 正しい。軽減税率の特例は、居住の用に供している家屋を二以上有する場合には、その者が主としてその居住の用に供していると認められる一つの家屋に限って適用される（租税特別措置法施行令20条の3、同施行令20条の3第2項）。

必勝合格Check!

土地・建物の譲渡所得の各特例間の関係

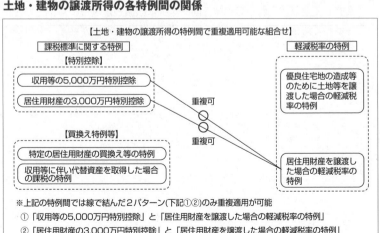

問題 148 譲渡所得

租税特別措置法第36条の2の特定の居住用財産の買換えの場合の長期譲渡所得の課税の特例に関する次の記述のうち、正しいものはどれか。

1　買換資産とされる家屋については、その床面積のうち自己が居住の用に供する部分の床面積が50㎡以上のものであることが、適用要件とされている。

2　買換資産とされる家屋については、譲渡資産の譲渡をした日の属する年の1月1日から、その譲渡をした日の属する年の翌年12月31日までの間に取得することが、適用要件とされている。

3　譲渡資産とされる家屋については、現に居住の用に供しているものであることが、適用要件とされている。

4　譲渡資産とされる家屋については、その譲渡に係る対価の額が2億円以下であることが、適用要件とされている。

解答・解説

1 **正しい。**買換資産とされる家屋については、その床面積のうち自己が居住の用に供する部分の床面積が50㎡以上のものであることが適用要件とされている（租税特別措置法施行令24条の2第3項1号イ）。

2 **誤り。**買換資産とされる家屋については、譲渡資産の譲渡の日の属する年の「前年」の1月1日から譲渡の日の属する年の「翌年」12月31日までの間に取得する見込みであることが適用要件とされている（租税特別措置法36条の2第1・2項）。

3 **誤り。**譲渡資産とされる家屋については、居住の用に供しているもの、又は居住の用に供されなくなった日から同日以後3年を経過する日の属する年の12月31日までに譲渡されるものであることが、適用要件とされている（租税特別措置法36条の2第1項2号）。

4 **誤り。**譲渡資産とされる家屋のその譲渡に係る対価の額の要件は、「1億円以下」である（租税特別措置法36条の2第1項）。

必勝合格Check!

特定の居住用財産の買換えの場合の課税の特例

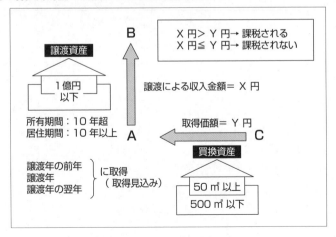

問題
149

重要度 A　　難易度 ★★★

登録免許税

住宅用家屋の所有権の移転の登記に係る登録免許税の税率の軽減措置の適用に関する次の記述のうち、正しいものはどれか。

1　この税率の軽減措置は、住宅の床面積が50㎡以上280㎡以下でなければ適用されない。

2　この税率の軽減措置は、個人が自己の経営する会社の従業員の社宅として取得した住宅用家屋について受ける所有権の移転の登記には適用されない。

3　この税率の軽減措置は、交換により取得した住宅用家屋について受ける所有権の移転の登記にも適用される。

4　この税率の軽減措置は、以前にこの措置の適用を受けたことのある者が新たに取得した住宅用家屋について受ける所有権の移転の登記には適用されない。

解答・解説

1 誤り。住宅用家屋の所有権移転登記の税率の軽減措置は、住宅の床面積が50㎡以上でなければ適用されない（租税特別措置法73条、同施行令42条1項1号）。上限については定めはない。

2 正しい。個人が自分の住宅として使用することが軽減措置の適用要件となっている。個人が取得しても従業員の社宅として使用するのであれば、軽減措置は受けられない（租税特別措置法73条）。

3 誤り。住宅用家屋の所有権移転登記の税率の軽減措置は、売買又は競落により取得した住宅用家屋のみを対象とする（租税特別措置法73条、同施行令42条第3項）。

4 誤り。住宅用家屋の所有権の移転登記に関する税率の軽減措置は、既にこの税率の軽減措置の適用を受けたことがある者にも適用される。一度しか受けられないものではない（租税特別措置法73条）。

必勝合格Check!

登録免許税の特例による税率の軽減措置

	登記の種類	適用要件
1	住宅用家屋の所有権保存登記（新築のみ）	①自己居住用家屋であること ⇒イ 法人には適用がない ⇒ロ 土地には適用がない ②家屋（木造か否かを問わない）の床面積が50㎡以上であること
2	住宅用家屋の所有権移転登記（新築・既存）	③新築又は取得後1年以内に登記を受けること ④所得要件なし ⑤既にこの特例の適用を受けたことがあっても、この特例の適用可能 ⑥所有権移転登記については、売買・競売による取得に限る ⇒贈与・交換・相続等による取得には適用なし
3	住宅取得資金の貸付け等に係る抵当権設定登記（新築・既存）	⑦1と2の既存住宅については、次のイ又はロに該当するもの イ 新耐震基準に適合するものであること ロ 昭和57年1月1日以後に建築されたものであること

※ 税率の軽減措置の適用を受けようとする者は、その登記の申請書に、一定の要件を満たす住宅用家屋であることにつき、当該家屋の所在地の市町村長又は特別区の区長の証明書を添付しなければならない。

重要度 A　　難易度 ★★☆

150 印紙税

印紙税に関する次の記述のうち、誤っているものはどれか。なお、以下の契約書又は覚書はいずれも書面により作成されたものとする。

1　一の契約書に土地の譲渡契約（譲渡金額5,000万円）と建物の建築請負契約（請負金額6,000万円）をそれぞれ区分して記載した場合、印紙税の課税標準となる当該契約書の記載金額は6,000万円である。

2　「Aの所有する甲土地（価額4,500万円）をBに贈与する」旨の贈与契約書を作成した場合、印紙税の課税標準となる当該契約書の記載金額は、4,500万円である。

3　当初作成した土地の賃貸借契約書において「契約期間は5年とする」旨の記載がされていた契約期間を変更するために、「契約期間を10年とする」旨を記載した覚書を貸主Aと借主Bが作成した場合、当該覚書には印紙税が課される。

4　「建物の電気工事に係る請負代金は2,200万円（うち消費税額及び地方消費税額が200万円）とする」旨を記載した工事請負契約書について、印紙税の課税標準となる当該契約書の記載金額は、2,000万円である。

解答・解説

1 **正しい**。1通の契約書に複数の金額が記載され、それらが譲渡契約と請負契約というように「異なる種類の契約」に関するものであるときは、高い方の金額（6,000万円）が記載金額となる（印紙税法別表第一課税物件表の適用に関する通則3ロただし書、4ロ（一））。

2 **誤り**。贈与契約においては、たとえ時価等の評価額の表示があったとしても、譲渡の対価たる金額はないから、契約金額はないものとして取り扱われ（印紙税法基本通達23条（1）ホ注）、200円の印紙税が課される（印紙税法別表第一1号課税標準及び税率欄2）。

3 **正しい**。覚書により、原契約書の内容を変更する文書を作成する場合、当該文書が課税文書に該当するかどうかは、当該文書に「重要な事項」が含まれるかどうかにより判定する。契約期間は重要な事項であり、これを変更する場合、当該覚書は課税文書に当たる（印紙税法基本通達17条2項（1）、同基本通達別表第2重要な事項の一覧表2（6））。

4 **正しい**。消費税の課税事業者が消費税及び地方消費税（消費税額等）の課税対象取引に当たって請負に関する契約書を作成する場合、消費税額等が区分記載されているときは、その消費税額等は印紙税の記載金額に含めない（個別通達「消費税法の改正等に伴う印紙税の取扱いについて1契約書等の記載金額）。したがって、当該契約書の記載金額は、消費税額等を含めない2,000万円である。

重要度 A　難易度 ★★★

問題 151 不動産鑑定評価基準

不動産の鑑定評価に関する次の記述のうち、誤っているものはどれか。

1 取引事例比較法における取引事例としては、特殊事情のある事例でも、その具体的な状況が判明しており補正できるものであれば採用することができるが、投機的取引であると認められる事例は採用することができない。

2 地域の種別における宅地地域とは、居住や商業活動等の用に供される建物、構築物等の敷地の用に供されることが、自然的、社会的、経済的及び行政的観点からみて合理的と判断される地域をいう。

3 特殊価格とは、市場性を有する不動産について法令等による社会的要請を背景とする評価目的の下で、正常価格の前提となる諸条件を満たさない場合における不動産の経済価値を適正に表示する価格をいう。

4 原価法における土地の再調達原価は、素材となる土地の標準的な取得原価に、標準的な造成費と発注者が直接負担すべき通常の付帯費用を加算して求めるものである。

解答・解説

1　**正しい**。取引事例比較法における取引事例に特殊な事情があっても、事情補正できるものであれば採用することができるが、投機的取引であると認められる事例であれば採用することができない（不動産鑑定評価基準第7章）。

2　**正しい**。地域の種別における宅地地域とは、居住、商業活動、工業生産活動等の用に供される建物等の敷地の用に供されることが、自然的、社会的、経済的及び行政的観点からみて合理的と判断される地域をいう（不動産鑑定評価基準第2章）。

3　**誤り**。特殊価格とは、文化財等の一般的に「市場性を有しない」不動産について、その利用現況等を前提とした不動産の経済価値を適正に表示する価格をいう（不動産鑑定評価基準第5章）。なお、本肢の記述は、特定価格についての記述である。

4　**正しい**。原価法における土地の再調達原価は、その素材となる土地の標準的な取得原価に、その土地の標準的な造成費と発注者が直接負担すべき通常の付帯費用とを加算して求めるものとする（不動産鑑定評価基準第7章）。

問題 152

重要度 B　　難易度 ★★☆　　Check! ✓

不動産鑑定評価基準

不動産の鑑定評価に関する次の記述のうち、誤っているものはどれか。

1　不動産の価格を求める鑑定評価の手法は、原価法、取引事例比較法及び収益還元法に大別されるが、鑑定評価に当たっては、案件に即して、地域分析及び個別分析により把握した対象不動産に係る市場の特性等を適切に反映した複数の鑑定評価の手法を適用すべきである。

2　原価法は、価格時点における対象不動産の再調達原価を求め、この再調達原価について減価修正を行って対象不動産の試算価格を求める手法をいうものであるが、これは対象不動産が土地のみである場合にも、適用することができる。

3　取引事例比較法における取引事例は、地域要因の比較を不要とするため、近隣の地域に存する不動産に係るもののうちから選択しなければならない。

4　収益還元法は、文化財の指定を受けた建造物等の一般的に市場性を有しない不動産以外のものには基本的にすべて適用すべきであり、自用の不動産にも適用することができる。

解答・解説

1 **正しい**。不動産の価格を求める鑑定評価の手法には、大別して原価法、取引事例比較法及び収益還元法があるが、鑑定手法の適用に当たっては、鑑定評価の手法を当該案件に即して適切に適用すべきであり、この場合、地域分析及び個別分析により把握した対象不動産に係る市場の特性等を適切に反映した複数の鑑定評価の手法を適用すべきである（不動産鑑定評価基準第7・8章）。

2 **正しい**。原価法は、対象不動産が建物又は建物及びその敷地である場合において、再調達原価の把握及び減価修正を適切に行うことができるときに有効であり、対象不動産が土地のみである場合においても、再調達原価を適切に求めることができるときは、この手法を適用することができる（不動産鑑定評価基準第7章）。

3 **誤り**。取引事例比較法とは、まず、多数の取引事例を収集して適切な事例の選択を行い、これらに係る取引価格に必要に応じて事情補正及び時点修正を行い、かつ、地域要因の比較及び個別的要因の比較を行って求められた価格を比較考量し、これによって対象不動産の試算価格を求める手法である。地域要因の比較を不要とするものではない（不動産鑑定評価基準第7章）。

4 **正しい**。収益還元法は、対象不動産が将来生み出すであろうと期待される純収益の現価の総和を求めることにより対象不動産の試算価格を求める手法である。不動産の価格は、一般に当該不動産の収益性を反映して形成されるものであり、収益は、不動産の経済価値の本質を形成するものである。したがって、この手法は、文化財の指定を受けた建造物等の一般的に市場性を有しない不動産以外のものには基本的にすべて適用すべきものであり、自用の不動産といえども賃貸を想定することにより適用されるものである（不動産鑑定評価基準第7章）。

地価公示法

地価公示法に関する次の記述のうち、誤っているものはどれか。

1 関係市町村長は、土地鑑定委員会が公示した事項のうち、当該市町村が属する都道府県に存する標準地に係る部分を記載した書面及び当該標準地の所在を表示する図面を、当該市町村の事務所において一般の閲覧に供しなければならない。

2 都市及びその周辺の地域等において、土地の取引を行う者は、取引の対象土地に類似する利用価値を有すると認められる標準地について公示された価格を指標として取引を行うよう努めなければならない。

3 公示価格を規準とするとは、対象土地の価格を求めるに際して、当該対象土地とこれに類似する利用価値を有すると認められる一又は二以上の標準地との位置、地積、環境等の土地の客観的価値に作用する諸要因についての比較を行い、その結果に基づき、当該標準地の公示価格と当該対象土地の価格との間に均衡を保たせることをいう。

4 不動産鑑定士は、標準地の鑑定評価を行うにあたっては、近傍類地の取引価格から算定される推定の価格及び近傍類地の地代等から算定される推定の価格を勘案すれば足りる。

解答・解説

1 **正しい。**「関係市町村の長」は、政令で定めるところにより、土地鑑定委員会が公示した事項のうち、「当該市町村が属する都道府県」に存する標準地に係る部分を記載した書面及び当該標準地の所在を表示する図面を、当該「市町村」の事務所において一般の閲覧に供しなければならない（地価公示法7条2項、1項）。

2 **正しい。**都市及びその周辺の地域等において、土地の取引を行う者は、取引の対象土地に類似する利用価値を有すると認められる標準地について公示された価格を指標として取引を行うよう努めなければならない（地価公示法1条の2）。

3 **正しい。**公示価格を規準とするとは、対象土地の価格を求めるに際して、当該対象土地とこれに類似する利用価値を有すると認められる一又は二以上の標準地との位置、地積、環境等の土地の客観的価値に作用する諸要因についての比較を行い、その結果に基づき、当該標準地の公示価格と当該対象土地の価格との間に均衡を保たせることをいう（地価公示法11条）。

4 **誤り。**不動産鑑定士は、標準地の鑑定評価を行うにあたっては、国土交通省令で定めるところにより、「近傍類地の取引価格から算定される推定の価格」、「近傍類地の地代等から算定される推定の価格」及び「同等の効用を有する土地の造成に要する推定の費用の額」を勘案してこれを行わなければならない（地価公示法4条）。

重要度 A　　難易度 ★★★　　Check! ✓

問題
154 **住宅金融支援機構**

独立行政法人住宅金融支援機構（以下この問において「機構」という。）に関する次の記述のうち、誤っているものはどれか。

1　機構は、あらかじめ貸付けを受けた者と一定の契約を締結し、その者が死亡した場合に支払われる生命保険金を当該貸付けに係る債務の弁済に充てる団体信用生命保険を業務として行っている。

2　機構は、貸付けを受けた者が景況の悪化や消費者物価の上昇により元利金の支払いが困難となった場合、元利金の支払いの免除をすることができる。

3　機構は、子どもを育成する家庭又は高齢者の家庭に適した良好な居住性能及び居住環境を有する賃貸住宅の建設に必要な資金の貸付けを業務として行っている。

4　機構は、マンション（区分所有建物）の共用部分の改良に必要な資金の貸付けを行うことができる。

解答・解説

1　**正しい。**機構は、あらかじめ貸付けを受けた者との間で一定の契約（団信弁済充当契約等）を締結し、その者が死亡した場合に支払われる生命保険金を当該貸付けに係る債務の弁済に充当する団体信用生命保険業務を行っている（独立行政法人住宅金融支援機構法13条1項10号）。

2　**誤り。**機構は、貸付けを受けた者が景況の悪化や消費者物価の上昇により元利金の支払いが困難になった場合、一定の貸付条件の変更又は延滞元利金の支払方法の変更をすることができるが、元利金の支払いの免除をすることはできない（独立行政法人住宅金融支援機構業務方法書26条）。

3　**正しい。**機構は、子どもを育成する家庭又は高齢者の家庭に適した良好な居住性能及び居住環境を有する賃貸住宅の建設に必要な資金の貸付けを業務として行っている（独立行政法人住宅金融支援機構法13条1項8号）。

4　**正しい。**機構は、マンション（区分所有建物）の共用部分の改良に必要な資金の貸付けを行うことができる（独立行政法人住宅金融支援機構法13条1項7号）。

155 住宅金融支援機構

独立行政法人住宅金融支援機構（以下本問において「機構」という。）の業務に関する次の記述のうち、誤っているものはどれか。

1　機構は、災害復興建築物の建設若しくは購入又は被災建築物の補修に必要な資金（当該災害復興建築物の建設若しくは購入又は当該被災建築物の補修に付随する行為で政令で定めるものに必要な資金を含む。）の貸付けを行う。

2　機構は、住宅の建設又は購入に必要な資金（当該住宅の建設又は購入に付随する行為で政令で定めるものに必要な資金を含む。）の貸付けに係る主務省令で定める金融機関の貸付債権の譲受けを行う。

3　機構は、高齢者が自ら居住するマンションの共用部分の改良に係る貸付けについて、貸付金の償還を高齢者の死亡時に一括して行うという制度を設けている。

4　機構は、住宅融資保険法による保険業務は行わない。

解答・解説

1 **正しい。**機構は、災害復興建築物の建設若しくは購入又は被災建築物の補修に必要な資金（当該災害復興建築物の建設若しくは購入又は当該被災建築物の補修に付随する行為で政令で定めるものに必要な資金を含む。）の貸付けを行う（独立行政法人住宅金融支援機構法13条１項５号）。

2 **正しい。**機構は、住宅の建設又は購入に必要な資金（当該住宅の建設又は購入に付随する行為で政令で定めるものに必要な資金を含む。）の貸付けに係る主務省令で定める金融機関の貸付債権の譲受けを行う（独立行政法人住宅金融支援機構法13条１項１号）。

3 **正しい。**機構は、高齢者が自ら居住するマンションの共用部分の改良に係る当該高齢者に対する貸付けについて、貸付金の償還を高齢者の死亡時に一括して行うという高齢者向け返済特例制度を設けている（独立行政法人住宅金融支援機構業務方法書24条４項４号）。

4 **誤り。**機構は、住宅融資保険法による保険を行う（独立行政法人住宅金融支援機構法13条１項３号）。

問題 156 重要度 A　難易度 ★☆☆

住宅金融支援機構

独立行政法人住宅金融支援機構（以下この問において「機構」という。）に関する次の記述のうち、**誤っているもの**はどれか。

1　機構は、住宅の建設、購入、改良、移転（以下「建設等」という。）をしようとする者又は住宅の建設等に関する事業を行う者に対して必要な資金の調達又は良質な住宅の設計等に関する情報の提供業務を他の者に委託することができない。

2　機構は、信託会社又は金融機関の信託業務の兼営等に関する法律第1条第1項の認可を受けた金融機関に特定信託をし、当該信託の受益権を譲渡することができる。

3　機構は、個人向けに建築物の建設や購入に必要な資金を貸し付けることは一切できない。

4　機構は、高齢者の家庭に適した良好な居住性能及び居住環境を有する住宅とすることを主たる目的とする住宅の改良に必要な資金の貸付けを行うことができる。

解答・解説

1 **正しい**。機構は、住宅の建設等をしようとする者又は住宅の建設等に関する事業を行う者に対して必要な資金の調達又は良質な住宅の設計等に関する情報の提供業務を他の者に委託することはできない（独立行政法人住宅金融支援機構法13条1項4号、16条）。

2 **正しい**。機構は、信託会社等に特定信託をし、当該信託の受益権を譲渡することができる（独立行政法人住宅金融支援機構法13条1項2号イ）。

3 **誤り**。機構は、原則として個人向けの直接の融資は行わないが、災害復興建築物の建設もしくは購入に必要な資金の貸付け等については、個人向けの融資を行う（独立行政法人住宅金融支援機構法13条1項5～9号）。

4 **正しい**。機構は、高齢者の家庭に適した良好な居住性能及び居住環境を有する住宅とすることを主たる目的とする住宅の改良（高齢者が自ら居住する住宅について行うものに限る。）に必要な資金の貸付けを行う（独立行政法人住宅金融支援機構法13条1項9号）。

不当景品類及び不当表示防止法

不当景品類及び不当表示防止法に関する次の記述のうち、正しいものはどれか。

1　宅地建物取引業者は、都市計画法第7条に規定する市街化調整区域内の土地の販売広告をする場合には、当該土地が市街化調整区域内に所在すること、又は宅地の造成及び建物を建築することができない旨のいずれかを明示しなければならない。

2　宅地建物取引業者は、建物の販売にあたり、各階の床面積は表示しなかったが、延べ面積はきちんと表示したので、これに車庫の面積を含んでいたがその旨及びその面積を表示せずに広告をすることができる。

3　宅地建物取引業者は、販売する宅地建物の駅からの所要時間について、信号待ち時間・歩道橋の昇降時間等を考慮しないで、道路距離80mにつき1分間の割合で算出して広告することができる。

4　不当景品類や不当表示に関する違反行為が既になくなっている場合、内閣総理大臣は、当該事業者に対して、指示をすることはできるが、措置命令をすることはできない。

解答・解説

1　誤り。土地が市街化調整区域内に所在することを表示し、あわせて、宅地の造成及び建物の建築ができない旨を明示しなければならない（不動産の表示に関する公正競争規約13条、同施行規則７条６号）。

2　誤り。建物の面積は、延べ面積を表示し、これに車庫、地下室等（地下居室は除く。）の面積を含むときには、その旨及びその面積を表示しなければならない（不動産の表示に関する公正競争規約施行規則９条15号）。

3　正しい。徒歩による所要時間は、信号待ち時間・歩道橋の昇降時間等を考慮しないで、道路距離80mにつき１分間の割合で算出した数値を表示する（不動産の表示に関する公正競争規約施行規則９条９号）。

4　誤り。内閣総理大臣は、景品類の制限及び禁止規定や不当な表示の禁止規定に違反する行為があるときは、当該事業者に対し、その行為の差止め等の措置命令を発することができるが、その命令は、当該違反行為が既になくなっている場合においても、することができる（不当景品類及び不当表示防止法７条１項）。

必勝合格Check!

公正競争規約―法令制限事項の明示

条文・原則

1　建築基準法第42条第２項の規定により道路とみなされる部分（セットバックを要する部分）を含む土地については、その旨を表示し、セットバックを要する部分の面積がおおむね10%以上である場合は、併せてその面積を明示すること（規則７条２号）。

2　道路法の規定により道路区域が決定され、又は都市計画法による告示が行われた都市計画施設の区域に係る土地についてはその旨を明示すること（規則７条３号）。

3　建築基準法第42条に規定する道路に２メートル以上接していない土地については、「再建築不可」又は「建築不可」と明示すること。
　ただし、接道義務が適用除外となる場合には、この限りでない（規則７条４号）。

4　都市計画法第７条に規定する市街化調整区域に所在する土地については、「市街化調整区域。宅地の造成及び建物の建築はできません。」と明示すること（新聞折込チラシ等及びパンフレット等の場合には16ポイント以上の大きさの文字を用いること。）。
　ただし、開発許可を受けているもの等を除くが、この場合、住宅等を建築するための条件を明示すること。（規則７条６号）。

158 不当景品類及び不当表示防止法

宅地建物取引業者が行う宅地又は建物の取引における広告に関する次の記述のうち、不当景品類及び不当表示防止法（不動産の表示に関する公正競争規約を含む。）の規定によれば、正しいものはどれか。

1　省エネルギー型のエアコンが2部屋に設置されている3LDKの住宅について、当該住宅のキャッチフレーズに「省エネ住宅」と表示すると、不当表示となるおそれがある。

2　新築の建売住宅を販売する際、当該建売住宅の周辺地域で実際に販売された同規模の物件の販売価格を比較対照として用いて、それより若干安い当該建売住宅の販売価額を並列して表示しても、不当表示となるおそれはない。

3　その土地が建築基準法の規定により道路とみなされる部分（セットバックを要する部分）を含む場合、セットバックを要する部分の面積がおおむね5パーセント以上であるときは、セットバックを要する旨とその面積を表示しなければ、不当表示となるおそれがある。

4　宅地の全部又は一部が高圧電線路下にある場合、その旨及びそのおおむねの面積を表示すれば、建物等の建築が禁止されているときでも、その旨を表示しなくても不当表示となるおそれはない。

解答・解説

1　正しい。 省エネルギー型のエアコンが２部屋に設置されているだけで「省エネ住宅」と表示すると、不当表示となるおそれがある（不当景品類及び不当表示防止法５条、不動産の表示に関する公正競争規約23条１項19号）。

2　誤り。 建売住宅を販売する際に、周辺地域で実際に販売された同規模の物件の販売価格を比較対照価格として、それより安い価格を並列して表示することは二重価格表示となり、一定の場合を除き禁止されている（不当景品類及び不当表示防止法５条、不動産の表示に関する公正競争規約20条）。

3　誤り。 建築基準法の規定により道路とみなされる部分（セットバックを要する部分）を含む土地については、その旨を表示し、セットバックを要する部分の面積がおおむね「10％」以上である場合には、その面積も明示しなければならない（不当景品類及び不当表示防止法５条、不動産の表示に関する公正競争規約施行規則７条２号）。

4　誤り。 土地の全部又は一部が高圧電線路下にあるときは、その旨及びそのおおむねの面積を表示しなければならない。この場合において、建物等の建築が禁止されているときは、その旨も併せて明示しなければならない（不当景品類及び不当表示防止法５条、不動産の表示に関する公正競争規約施行規則７条12号）。

159 不当景品類及び不当表示防止法

重要度 A　難易度 ★★★　Check! ✓

宅地建物取引業者が行う広告に関する次の記述のうち、不当景品類及び不当表示防止法（不動産の表示に関する公正競争規約を含む。）によれば、正しいものはどれか。

1　総面積5ヘクタールの団地内のマンションを一括して分譲する際、当該団地ともよりの鉄道駅との間の道路距離として、取引する団地内のマンションのうち駅から最も近いマンションの出入口を起点として算出した数値を表示すれば、不当表示となるおそれはない。

2　不動産の販売広告に係るA物件の取引を顧客が申し出た場合に、A物件に案内することを拒否したり、A物件の難点を指摘して取引に応じることなく顧客に他の物件を勧めたときでも、A物件が存在していれば、その広告は不当表示となるおそれはない。

3　販売戸数10以上の新築分譲共同住宅の広告について、パンフレット等の媒体を除き、1戸当たりの最低価格及び最高価格のみを表示しても、不当表示となるおそれはない。

4　別荘地の分譲に際して、新聞折込ビラに、自動車による所要時間を表示する場合、通行する高速道路について有料道路であることが周知のものであるときは、有料道路である旨を明らかにしなくても、不当表示となるおそれはない。

解答・解説

1 **誤り**。団地（一団の宅地又は建物をいう。）と駅との間の道路距離又は
所要時間は、取引する区画のうちそれぞれの施設ごとにその施設から最
も近い区画（マンション及びアパートにあっては、その施設から最も近
い建物の出入口）を起点として算出した数値とともに、その施設から最
も遠い区画（マンション及びアパートにあっては、その施設から最も遠
い建物の出入口）を起点として算出した数値も表示しなければ、不当表
示となる（不当景品類及び不要表示防止法5条、不動産の表示に関する
公正競争規約施行規則9条8号）。

2 **誤り**。実際に取引する意思がない不動産についての取引できると誤認さ
れるような表示は、「おとり広告」に該当し、不当表示となる（不当景
品類及び不当表示防止法5条、不動産の表示に関する公正競争規約21
条3号）。

3 **誤り**。住宅（マンションにあっては、住戸）の価格については、1戸当
たりの価格を表示しなければならない。この場合、原則として取引する
全ての住戸の価格を表示しなければならないが、新築分譲共同住宅の価
格については、パンフレット等の媒体を除き、例外的に1戸当たりの最
低価格、最高価格及び最多価格帯並びにその価格帯に属する住戸の戸数
のみで表示することができる（不当景品類及び不要表示防止法5条、不
動産の表示に関する公正競争規約施行規則9条38・39号）。本肢で
は、最多価格帯及びその価格帯に属する戸数を表示していないため、不
当表示となる。

4 **正しい**。自動車による所要時間の表示をする場合、有料道路を通行する
ときは、その旨を明示することが義務づけられるが、本肢記述のように
有料道路が高速道路であって周知のものであれば、その旨の表示をしな
いことも許される（不当景品類及び不当表示防止法5条、不動産の表示
に関する公正競争規約施行規則9条10号）。

重要度 B　　**難易度 ★★☆**　　Check! ✓ ☐1 ☐2 ☐3

問題 160　土地

土地に関する次の記述のうち、正しいものはどれか。

1　自然堤防は、低地の河川沿いに、過去の洪水による堆積土砂で形成されたところであるため、宅地としては不適当であることが多い。

2　扇状地については、大縮尺の地形図や空中写真によって、土石流や洪水流の危険度をある程度判別できることが多い。

3　旧河道は、それを埋める堆積物の上部が厚い粘土質からなるときには、宅地として良好な土地であることが多い。

4　崖錐堆積物は、一般的に透水性が低く、基盤との境付近が水の通り道となって、そこをすべり面とした地すべりが生じやすいが、切土をすれば崩壊や地すべりを起こしにくい。

解答・解説

1 **誤り。**自然堤防に囲まれた低地は宅地に適さないが、自然堤防自体は、主に砂や小礫からなり、排水性がよく地盤の支持力もあるため、宅地として良好な土地であることが多い。

2 **正しい。**扇型に広がる微高地である扇状地は、地図で示すと等高線が幾重にも引かれ、土石流や洪水流の危険度をある程度判別できる。

3 **誤り。**旧河道とは、過去の河川の流路であり、軟弱地盤の低地であり、地盤の支持力が小さく、洪水や地震に弱いところが多い。よって、宅地には不適当であることが多い。

4 **誤り。**経験則上、堆積物の透水性が高い場合には、その基盤（層の下部）に水がたまって水の通り道となる。よって、崖錐堆積物は透水性が「低く」というのはおかしく、透水性が「高く」でないと意味がとおらない。また、基盤との境付近が帯水層となっていて、切土をすると土砂崩れや地すべりを起こしやすい。

必勝合格 **C**heck!

宅地としての適性─低地

低地部

■洪水・地震に弱く、住宅地としての安全性が低い。

□比較的安全性が高く、宅地として利用できる場所
　①自然堤防
　②廃川になった天井川
　③砂丘、砂州

□特に危険度が高い場所
　①低いデルタ地域（三角州）
　②旧河道
　③自然堤防に囲まれた後背低地
　④河川近傍の低平地
　⑤谷底平野
　⑥谷出口に広がる扇状地

問題 161 重要度 B 難易度 ★★☆ Check! ✓

土地

土地に関する次の記述のうち、不適切なものはどれか。

1 丘陵地帯で地下水位が深く、固結した砂質土で形成された地盤の場合、地震時に液状化する可能性は低い。

2 崖の上端に接している敷地においては、水はけを良くするとともに、水の流れの勾配を崖の方向にとるようにしなければならない。

3 谷を切土部分の土で埋め立てて平坦に造成した土地は、地盤が軟弱で、不等沈下や地すべりの危険がある。

4 扇状地は、水はけが良好で比較的安全性は高いが、谷出口に広がる扇状地は、土石流災害に対しては安全とはいえない。

解答・解説

1 **適切**。丘陵地で地下水位が深く、固結した砂質土で形成された地盤の場合、地震時に液状化する可能性は低い。

2 **不適切**。崖や斜面の近くの上端付近の敷地については、排水施設の設置・管理が重要であり、原則として敷地の水の流れの勾配を崖や斜面と反対方向にとるように処理する必要がある。

3 **適切**。中小の谷を切土部分の土で埋め立てて平坦に造成した土地は、大規模な造成地に多くみられるが、十分な工事が行われないと、地すべり、不等沈下を生じるおそれがある。

4 **適切**。扇状地は、水はけが良好で比較的安全性は高いが、谷出口に広がる扇状地は、土石流災害に対しては安全とはいえない。

必勝合格Check!

宅地としての適性─山麓部、丘陵地・台地・段丘

山麓部

■傾斜が緩やかで地層が安定している場所は宅地に適する。

□宅地に適さない場所
①急傾斜地
②土石流や土砂崩壊による堆積でできた地形
③地すべりによってできた地形

丘陵地・台地・段丘

■水はけがよく、地耐力もあり、洪水や地震に比較的強いため宅地に適している。

□注意が必要な場所
①台地・丘陵地の縁辺部→崖崩れを起こしやすい。
②丘陵地・台地内の小さな谷間を埋土して造成された宅地
→地盤沈下・排水不良が生じる危険性がある。
③台地上の浅く広い谷→水害の危険がある。

土地

土地に関する次の記述のうち、不適切なものはどれか。

1　台地上の土地は、一般的に地盤も良好で宅地に適しているが、台地上であっても谷筋にあたる低い土地は、雨量が増すと小河川の氾濫のおそれがあるため、宅地には適していない。

2　低地は、一般的に地盤が弱く洪水の危険もあり、自然堤防や盛土された土地に囲まれた低地は粘土質であることが多く、特に注意が必要である。

3　宅地の安定に排水処理は重要であり、擁壁の水抜き穴、盛土のり面の小段の排水溝等による排水処理の行われていない宅地は、不適当であることが多い。

4　地形図で見ると、急傾斜地では等高線の間隔は疎になっているのに対し、傾斜が緩やかな土地では等高線の間隔は密となっている。

解答・解説

1　**適切**。台地上の土地は、地盤も安定しており、水はけも良好な場合が多いから宅地に適しているが、台地上の浅く広い谷の部分、谷筋にあたる部分は、降雨時に水害にみまわれる危険がある。

2　**適切**。自然堤防や人工の堤防、鉄道や道路を設けるためになされた盛土に囲まれた後背低地は、粘土層の湿地となっていることが多く、地盤も軟弱で地震に弱く、洪水にも弱いので、特に注意をするべきである。

3　**適切**。擁壁の水抜き穴、盛土のり面の小段の排水溝等による排水処理の行われていない宅地は、安全性を欠くため、宅地として不適当であることが多い。

4　**不適切**。地形図で見ると、急傾斜地では等高線の間隔は「密」になっているのに対し、傾斜が緩やかな土地では等高線の間隔は「疎」となっている。

必勝合格 **Check!**

等高線

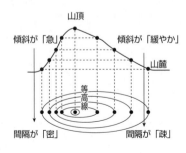

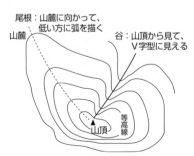

問題 163

建物

木造の建築物の構造に関する次の記述のうち、正しいものはどれか。

1　壁、柱及びはり、けた等を木造とした建築物については、木材の繊維方向の水平力に対して安全であるように、各階の張り間方向及びけた行方向に、それぞれ壁を設け又は筋かいを入れた軸組を釣合い良く配置しなければならない。

2　構造耐力上主要な部分である柱で最下階の部分に使用するものの下部には、必ず土台を設けなければならない。

3　木造の建築物の筋かいをたすき掛けにするためやむを得ない場合であれば、必要な補強を行って筋かいに欠込みをすることができる。

4　木造の外壁には、鉄網モルタル塗その他軸組が腐りやすい構造のものは使用できない。

解答・解説

1 **誤り**。構造耐力上主要な部分である壁、柱及び横架材を木造とした建築物にあっては、「すべての方向」の水平力に対して安全であるように、各階の張り間方向及びけた行方向に、それぞれ壁を設け又は筋かいを入れた軸組を釣合い良く配置しなければならない（建築基準法施行令46条1項）。

2 **誤り**。構造耐力上主要な部分である柱で最下階の部分に使用するものの下部には、土台を設けなければならないのが原則であるが、当該柱を基礎に緊結した場合など、土台を設けなくてよい例外がある（建築基準法施行令42条1項）。

3 **正しい**。木造の建築物の筋かいには、原則として、欠込みをしてはならないが、筋かいをたすき掛けにするためにやむを得ない場合において、必要な補強を行ったときは、この限りでない（建築基準法施行令45条4項）。

4 **誤り**。木造の外壁のうち、鉄網モルタル塗その他軸組が腐りやすい構造である部分の下地には、防水紙その他これに類するものを使用しなければならない。したがって、このような下地であれば、鉄網モルタル塗その他の軸組みが腐りやすい構造も使用できる（建築基準法施行令49条1項）。

必勝合格Check!

木造の長所・短所

長　所	短　所
・他の材料に比べて**軽い**	・**燃えやすい**
・比較的強度が高い	・腐朽しやすい
・**加工しやすい**	・虫害を受ける
・断熱性がよい	・変形しやすい
・感触がよい	

重要度 B　　難易度 ★★☆

164 建物

建物に関する次の記述のうち、不適切なものはどれか。

1　延べ面積が1,000㎡を超える建築物は、防火上有効な構造の防火壁又は防火床によって有効に区画し、かつ、各区画の床面積の合計を、それぞれ1,000㎡以内としなければならない。

2　高さ31mを超える建築物（政令で定めるものを除く。）には、非常用の昇降機を設けなければならない。

3　耐力壁は、厚さ20㎝以上としなければならない。

4　居室には、原則として換気のための窓その他の開口部を設け、その換気に有効な部分の面積は、その居室の床面積に対して20分の１以上としなければならない。

解答・解説

1 **適切**。延べ面積が1,000㎡を超える建築物は、防火上有効な構造の防火壁又は防火床によって有効に区画し、かつ、各区画の床面積の合計をそれぞれ1,000㎡以内としなければならない。なお、耐火建築物又は準耐火建築物等については、この限りではない（建築基準法26条）。

2 **適切**。高さ31mを超える建築物（政令で定めるものを除く。）には、非常用の昇降機を設けなければならない（建築基準法34条2項）。

3 **不適切**。耐力壁は、厚さ12cm以上としなければならない（建築基準法施行令78条の2第1項1号）。

4 **適切**。居室には、原則として、換気のための窓その他の開口部を設け、その換気に有効な部分の面積は、その居室の床面積に対して20分の1以上としなければならない。ただし、政令で定める技術的基準に従って換気設備を設けた場合においては、この限りではない（建築基準法28条2項）。

問題

165

重要度 B　　難易度 ★★☆

Check! ✓

建物

建築物に関する次の記述のうち、適切なものはどれか。

1　地階とは、床が地盤面下にある階で、床面から地盤面までの高さが、その階の天井の高さの4分の1以上のものをいう。

2　居室の天井の高さは、2.1m以上でなければならず、その天井の高さは室の床面から測り、一室で天井の高さの異なる部分がある場合においては、その平均の高さによるものとする。

3　筋かいには、一切、欠込みをしてはならない。

4　組積造である構造耐力上主要な部分又は構造耐力上主要な部分でない組積造の壁で高さが1mをこえるものは、木造の構造部分でささえてはならない。

解答・解説

1 **不適切**。地階とは、床が地盤面下にある階で、床面から地盤面までの高さが、その階の天井の高さの「3分の1」以上のものをいう（建築基準法施行令1条2号）。

2 **適切**。居室の天井の高さは、2.1m以上でなければならない。天井の高さは、室の床面から測り、一室で天井の高さの異なる部分がある場合においては、その平均の高さによるものとする（建築基準法施行令21条）。

3 **不適切**。筋かいには、欠込みをしてはならない。ただし、筋かいをたすき掛けにするためにやむを得ない場合において、必要な補強を行ったときは、この限りではない（建築基準法施行令45条4項）。

4 **不適切**。組積造である構造耐力上主要な部分又は構造耐力上主要な部分でない組積造の壁で高さが「2m」をこえるものは、木造の構造部分でささえてはならない（建築基準法施行令62条）

MEMO

私の選択は
間違ってなかった

選んだのは、合格者の50%以上が
進んだ王道ルートでした。

1級建築士
合格実績No.1

★学科・製図ストレート合格者とは、令和5年度1級建築士学科試験に合格し、令和5年度1級建築士設計製図試験にストレートで合格した方です。 ※当学院のNo.1に関する表示は、公正取引委員会「No.1表示に関する…
材購入者、無料の役務提供者、過去受講生は一切含まれておりません。(令和5年12月25日現在)

田中 道子

令和4年度 一級建築士合格

総合資格のおかげで人生変わりました。

総合資格学院イメージキャラクター
令和4年度 一級建築士試験合格
当学院受講生・俳優
田中 道子さん

令和6年度受験

宅建パーフェクト合格必勝コース

セット割引受講料

260,000円（税込286,000円）

受講料内訳：エントリー講座（40,000円（税込44,000円））＋宅建合格必勝コース（220,000円（税込242,000円））

令和6年度受験

宅建合格必勝コース

受講料 220,000円（税込242,000円）

講義とタイムリーな各種テストで知識や思考方法を養成！

アウトプットを見据えた講義とタイムリーに実施される各種テストにより、合格に必要な知識、法的思考力を養成します。さらに重要論点を網羅的に出題して、質・量ともに徹底したアウトプットを行う「演習講座」で、得点力や応用力を強化。学習の総仕上げとして「公開統一模試」で本試験のシミュレーションを行い、本試験への準備を万全にします。

受講生の理解状況に応じた「双方向」で丁寧な学習指導

【完全予約制】
オンライン個別質問会

講師と受講生の一対一の面談をオンラインミーティングツールを通じて実施。学習内容についての質問はもちろん、勉強方法やモチベーション維持の方法についてのご相談についても対応します！

カリキュラム

▶開講ガイダンス　　　　　　　　　　　計5時間

1	開講ガイダンス

▶本講座　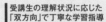インタ・ライブ講義 or 通学映像　計83時間

単位	科目	主な講義項目
1	民法1	制限行為能力者、意思表示、代理、時効 他
2	民法2	不動産物権変動、所有権、抵当権 他
3	民法3	債務不履行と売買、債権の消滅、多数当事者の債務 他
4	宅建業法1	宅建業の定義、免許、営業保証金 他
5	宅建業法2	保証協会、宅地建物取引士、媒介契約 他
6	宅建業法3	重要事項説明、37条書面、三大書面のまとめ 他
7	法令制限1	都市計画法
8	法令制限2	建築基準法
9	法令制限3	国土利用計画法、農地法、宅地造成等規制法 他
10	民法4	賃貸借、使用貸借 他 実力診断模擬試験① 他
11	民法5	委任、請負、不法行為、相続 他
12	特別法講義	借地借家法、区分所有法、不動産登記法
13	宅建業法4	自ら売主規制、履行確保法 他
14	宅建業法5	報酬、その他の規制、監督処分、罰則 他
15	税・価格	地方税、国税、不動産鑑定評価基準、地価公示法
16	免除科目	住宅金融支援機構、景表法、統計、土地、建物

※講義開始30分前から、講義準備及び学習効率向上のためのテストを実施します。
※上記講義内容の科目進行は教室により異なります。
※上記講義内容のほか補講用映像を受講できます。
　　　　　　　　　　　　　　　　　　　計5時間

17	実力診断模擬試験②

▶演習講座　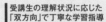インタ・ライブ講義 or 通学映像　計27.5時間

単位	主な講義項目
1	権利関係
2	宅建業法
3	法令上の制限/税・その他
4	総合各練・宅建士模試

※上記講義内容の科目進行は教室により異なります。

▶公開統一模擬試験　インタ・ライブ講義 or 通学映像　計7.5時間

単位	講義内容
1	公開統一模擬試験①②

▶令和6年度　宅地建物取引士資格試験　本試験

10/20（日）（予定）　　　13:00～15:00（予定）

※試験制度の変更などにより、試験スケジュール、講座日程および学習内容、カリキュラム、科目進行、受講料等について、変更を行う場合があります。
※インタ・ライブ講義は教室によっては通学映像の講義となる場合がありますので、必ず最寄校までご確認ください。

〈令和6年3月25日現在〉

受験生の多くが苦手とする権利関係の土台を養成する  通学映像

エントリー講座（権利関係）

本試験に的を絞った効率学習で権利関係の得点力アップをめざす！

権利関係の
本試験出題数
50問中
14問

カリキュラム （講義 全4回）計約14時間

単位	講義内容	単位	講義内容
1	ガイダンス、権利関係入門、意思表示、債務不履行と売買	3	賃貸借、借地借家法
2	制限行為能力者、代理、相続	4	不動産物権変動、抵当権、区分所有法

オリジナル教材

- エントリー講座（権利関係）テキスト
- エントリー講座（権利関係）ワークブック

実務経験のない方にもわかりやすく、図や表で視覚的に学ぶ法令上の制限 通学映像

エントリー講座（法令上の制限）

合格の要となる法令上の制限で他の受験生との差をつける！

法令上の制限の
本試験出題数
50問中
8問

カリキュラム （講義 全2回）計約7時間

単位	講義内容
1	都市計画法
2	建築基準法

オリジナル教材

- エントリー講座（法令上の制限）ワークブック

※宅建合格必勝コースの「テキスト（法令上の制限）」および「問題集（法令上の制限）」も使用します。

宅建士試験全体の4割を占める宅建業法の要点を捉えて得点源に 通学映像

エントリー講座（宅建業法）

宅建業法を得意科目にすることが宅建士合格への最大の鍵!!

宅建業法の
本試験出題数
50問中
20問

カリキュラム （講義 全3回）計約10.5時間

単位	講義内容
1	宅建業者免許、宅地建物取引士、営業保証金
2	媒介契約書、重要事項説明書、37条書面
3	自ら売主規制、報酬

オリジナル教材

- エントリー講座（宅建業法）ワークブック

※宅建合格必勝コースの「テキスト（宅建業法）」および「問題集（宅建業法）」も使用します。

※上記内容は、令和5年10月30日現在のもので、変更となる場合があります。

令和6年度受験

宅建超短期合格コース

受講料 **95,000**円（税込**104,500**円）

受講料内訳：エントリー講座（40,000円（税込44,000円））＋宅建超短期合格コース（45,000円（税込49,500円））＋
直前特別対策講座（10,000円（税込11,000円））

合否を分けるポイントを試験直前期に集中学習!宅建士合格に向け総仕上げ

エントリー講座で習得すべき項目を学習した後は、集中型のカリキュラムで受験生が間違いやすい項目や、合否を分ける項目を中心に学習する宅建超短期合格コース「要点整理」がスタート。アウトプットを見据えた講義とタイムリーに実施される各種テストにより、合格に必要な知識や、法的思考力を養成します。「要点整理」の後は科目別の問題演習により、質・量ともに徹底したアウトプットを行う「演習講座」で得点力や応用力を強化。さらに学習の総仕上げとして「公開統一模試」で本試験のシミュレーションを行い、「直前特別対策講座」で頻出重要論点の確認、法改正や最新動向も含めた出題可能性の高い全項目を網羅的に学習します。

カリキュラム

エントリー講座（詳細は前頁に掲載）

▶ 要点整理 🈁通学映像　計20時間

単位	講義内容
1	権利関係
2	宅建業法1
3	宅建業法2
4	法令上の制限/税価格

▶ 直前特別対策講座　計18時間

単位	講義内容
1	権利関係
2	宅建業法
3	法令上の制限/税・価格
4	5問免除科目

※上記講義内容の科目進行は教室により異なります。

▶ 演習講座 🈁インタ・ライブ講義 or 🈁通学映像　計約27.5時間

単位	講義内容
1	権利関係
2	宅建業法
3	法令上の制限/税・その他
4	総合答練・宅建士模試

▶ 公開統一模擬試験 🈁インタ・ライブ講義 or 🈁通学映像　計7.5時間

単位	講義内容
1	公開統一模擬試験①②

▶ 令和6年度 宅地建物取引士資格試験 本試験

10/20（日）（予定） **13:00〜15:00（予定）**

※上記講義内容の科目進行は教室により異なります。

※試験制度の変更などにより、試験スケジュール、講座日程および学習する内容、カリキュラム、科目進行、受講料等について、変更を行う場合があります。※インタ・ライブ講義は教室によっては通学映像の講義となる場合がありますので、必ず最寄校までご確認ください。＜令和6年3月25日現在＞

オリジナル教材

当学院の指導ノウハウを凝縮

当学院の教材は、直接受講生を指導する講師陣および講習開発スタッフたちによる執筆。長年にわたる指導ノウハウを凝縮した、言わば「受講生の声が反映された教材」。受講生が理解しやすい説明の仕方を知っているからこそ、毎年受講生から高い評価を得る、実績抜群の教材を提供することができます。テキストには「条文研究」や「判例研究」を掲載し、出題が予想される条文や判例対策も万全です。

総合資格学院では条文・判例まで学習します

受講生目線の教材

重要ポイントが一目でわかる

過去問で出題された事項は赤文字で表記

講師からのアドバイス

出題履歴（問題集とリンク）

イラスト・図表も満載

合格ダイアリー

学習状況を確認し、効果的な学習方法をアドバイス！

宅建士合格に必要なのは、日々の学習の継続です。大半の資格スクールでは、自宅での学習は本人任せですが、当学院では毎日の学習管理もしっかりサポート。「合格ダイアリー」で日々の予定を確認し、効果的な学習方法をアドバイスします。

合格までのすべての時間を無駄なく効率的に管理！

受講生の記入しやすさ、使いやすさを追求！

受講生

毎日の学習だけではなく1日のスケジュール、学習状況などをダイアリーに記入

学院スタッフ・講師

ダイアリーから日々の学習状況を確認

受講生一人ひとりに合わせた効果的な学習方法や時間の使い方をアドバイス

※画像は過年度版を含みます。

▶ 1級建築士・2級建築士

資料請求 ▶

理解度最優先講義

当学院が対面指導型の「ライブ講義」にこだわりつづけてきた理由、
それは、受講生の表情を見て理解度を確認できるから。
インタ・ライブ講義は、この利点を活かして、
受講生の理解状況を正確に把握するプロセスを講義に組み込むことで、
一人ひとりの理解度に基づいた適切な指導を可能にした講義システムです。

◎疑問点もその場で解決 ◎良質な緊張感が生み出す高い集中力
◎最新情報もリアルタイムに講義に反映

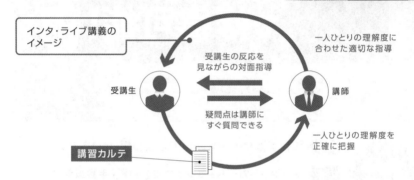

インタ・ライブ講義の
イメージ

一人ひとりの理解度に
合わせた適切な指導

受講生の反応を
見ながらの対面指導

受講生　　　　　　　　　　　　　　講師

疑問点は講師に
すぐ質問できる

一人ひとりの理解度を
正確に把握

講習カルテ

講義の理解度や満足度、学習の進捗状況を講義前・講義中に把握し、指導に素早く反映

 講師は・・・
受講生の理解度を細部まで的確に知ることができ、受講生一人ひとりに、最適な指導を行うことができます。

 受講生は・・・
当日の理解状況や要望に合わせた最適な講義・アドバイスを受けることができます。

※インタ・ライブ講義は教室によっては通学映像での講義となる場合があります。

教材　毎年改訂

「対面指導」で培った
合格へのノウハウが満載！

受験生や試験を知り尽くした講師や講習開発スタッフによる執筆だから、「受講生目線」の理解しやすい構成また、毎年改訂により、法改正や規準改定、最新試験傾向への対応はもちろん、受講生の意見や要望などを取り入れ、より使いやすさを追究。まさに"合格に最も近い教材"です。

講師

「全員合格」を目標に、一人ひとりに
対応したきめ細やかな指導！

厳しい採用基準をクリアした真のプロフェッショナルたちが、全国の教室で受講生一人ひとりに対応したきめ細かな指導を実践。「受講生全員合格」を目標に日々全力で取り組んでいます。

自習室　講習日以外も開放！

講習日以外も教室を開放して
学習スペースを提供します！

会社帰りに！　予習・復習に！　集中して学習したい方に！

●講習当日の利用で"フォローアップ学習"を徹底！
●平日の会社帰りにも利用可能！
●適度な緊張感のあるスペースで高い学習効果が生まれる！

※開放日や開放時間の詳細は各校にお問い合わせください。

❯ 賃貸不動産経営管理士 資料請求▶

注目の国家資格!
賃貸不動産管理の専門家

宅建士であればスグに活躍できる!

賃貸不動産経営管理士になるには、試験に合格した上で登録が必要です。その登録の要件として、2年以上の業務経験等又は宅地建物取引士であることとされています。つまり、宅地建物取引士であれば、賃貸不動産経営管理士試験に合格後、すぐに賃貸不動産経営管理士になることができます。賃貸不動産経営管理士は、特に宅地建物取引士と併せて取得することで、その効果が倍増します。

公式テキストに沿った講義で重要ポイントをしっかり確認

令和6年度受験 賃貸不動産経営管理士 WEB講座 本講座コース

本講義 + 演習講座 + 全国統一模擬試験

❯ インテリアコーディネーター 資料請求▶

業務の幅が広がる!住環境づくりのスペシャリスト

宅建士と併せて効果倍増!

宅建士とインテリアコーディネーターは非常に相性の良い資格です。この2つを組み合わせることにより、インテリアに詳しい不動産の専門家として業務の幅が飛躍的に広がります。

最新試験にも完全対応!! 1次試験攻略のための必勝講座

令和6年度受験 インテリアコーディネーター 1次対策コース

エントリー講座 + 講義 + 模擬試験 + 答練講義

実務未経験でも大丈夫! 丁寧な添削指導で合格へと導く!

令和6年度受験 インテリアコーディネーター 2次対策コース

講義 + プレゼンテーション・論文添削指導+模擬試験

令和5年度
宅地建物取引士 合格体験記

大山　英李さん 合格時 39歳

受講講座名	宅建パーフェクト合格必勝コース
勤務先業種	建築設計事務所兼不動産会社
職種	企画設計・営業事務

Q 現在の仕事の道に進もうと思ったきっかけをお聞かせください。

A **転職してもできるだけ建築に関わりたい**
建築デザイン系の大学を卒業して住宅デザインに興味を持ち、住宅営業の道へ進みましたが、営業職に向いていない自分との葛藤の日々を経て転職を考えました。ただ、建築に関わる仕事は続けたかったので現在の会社へ転職しました。

Q 宅建士試験の受験を決断した理由・きっかけをお聞かせください。

A **会社からの後押し**
昨年、2級建築士資格を取得した際に、社長より宅建士取得をすすめられたのがきっかけです。

Q 勉強の時間のつくり方について、苦労した・工夫した点をお教えください。

A **毎日最低2時間、メリハリをつけての勉強**
まずは生活リズムを変更しました。また、体調不良になると勉強のリズムが崩れるので、体調管理はもちろん、無理は禁物なので、定期的なガス抜きも行いました。

Q 学院で学習した内容が、お仕事で活かせたエピソードをお聞かせください

A **賃貸借契約の内容や重要事項の内容**
契約書や重要事項を作成する際、今までだと雛形通りに入力するのがほとんどでしたが、学習が進むにつれ、業務の内容や必要事項等が理解できるようになり、書類の確認時に不足事項の追記や現地確認での必要チェック項目が増えたと思います。

Q 講義で一番役に立ったこと、助けになったことを教えてください

A **講師のポイント資料とゴロ合わせ**
資料や語呂合わせは何度も見返しました。講師から「テキストの表は毎日みるのがいい」と教えてもらい、実際、毎日確認して追記したりしました。語呂合わせも、毎日、声に出して言っていたので、本当にちゃんと覚えることができました。

Q ズバリ、宅建士合格のポイントはどこですか?

A **分からないことをそのままにせず最後まで諦めないこと**
「分からない」「間違えた」をそのままにしないことだと思います。よく教務スタッフが「分からない、間違えた、はチャンス」だと話していました。そこが弱点だから、そこを中心に勉強すれば良いと。間違えた問題と向き合ってきたからこそ合格できたのだと思います。

Q 御自身の経験を元に資格取得をめざす方へアドバイスをお願いします。

A 大変なことは沢山ありますが、学院の宿題や講義、テストは確実に力になりますので、最後まで諦めないでがんばって下さい

資格取得をめざすきっかけは人それぞれ。置かれている環境や、抱える悩みも人それぞれ。
しかし、めざすところはただ一つ。「合格」の2文字です。
令和5年度宅建士合格を勝ち取った総合資格学院OBの困難克服法や必勝法など、
一人ひとりの合格ストーリーをお届けします。

根本 寛司さん 合格時 35歳

受講講座名	宅建パーフェクト合格必勝コース
勤務先業種	ハウスメーカー
職種	戸建営業

Q 現在の仕事の道に進もうと思ったきっかけをお聞かせください。

A **一生に一度の家づくりに携わりたい**
小学一年生の時に実家を新築したのですが、土地の提案から間取りの提案まで親身に相談に乗ってくれたハウスメーカーの担当者がかっこよく、その姿に憧れて将来住宅業界で働きたいと思ったのがきっかけです。

Q 宅建士試験の受験を決断した理由・きっかけをお聞かせください。

A **プロとして信頼してもらえるように**
住宅営業の仕事は、土地の提案からはじまりますが、その際に私の知識不足で、お客さまに誤った情報をお伝えしてしまうことがありました。信頼関係が大きく影響する仕事ですので、宅建士の資格を取得し、プロとしての対応をしたいと思い受験しました。

Q 独学または、他の学校利用ではなく「総合資格学院」に決めた理由をお聞かせください。

A **直接教えてくれるライブ講義**
独学で2回チャレンジしましたが、思うように点数が伸びませんでした。なので次は、資格学校へ通うことに決め、様々な学校を比べた結果、総合資格学院は映像講義ではなく、講師が直接講義をしてくれると知り受講を決めました。

Q 講義で一番役に立ったこと、助けになったことを教えてください。

A **講師の体験談**
私たちの記憶に残るよう、いつもポイントごとに自身の体験談を踏まえ説明してくれたことで、頭に入ってきやすかったです。

Q ズバリ、宅建士合格のポイントはどこですか?

A **考え方を変えて弱点の克服**
権利に苦手意識があり、思うように点数が伸びませんでした。講師からの教えで権利に対する考え方を変えてみると、学習が楽しくなり高得点につながりました。

Q 今後の目標や抱負、また、次に取得をめざしている資格があればお聞かせください

A **サポートしてくれた会社に恩返しができるように、宅建士として立派に貢献していきたいです。また今年はさらなるステップアップのため、新たな資格取得にチャレンジしたいと思います。**

令和6年度版　必勝合格　宅建士オリジナル問題集

発行日	2024年4月18日
発行人	岸　和子
企画・編集	総合資格学院 〔今川義威、月岡洋人、松岡祥代〕
発行	株式会社 総合資格 〒163-0557　東京都新宿区西新宿1-26-2 新宿野村ビル22F
電話	03-3340-3007（内容に関するお問合せ先） 03-3340-6714（販売に関するお問合せ先） 03-3340-3082（プレゼントに関するお問合せ先）
URL	株式会社 総合資格　http://www.sogoshikaku.co.jp/ 総合資格学院HP　https://www.shikaku.co.jp/ 総合資格学院出版サイト　https://www.shikaku-books.jp/
本文レイアウト・DTP	朝日メディアインターナショナル 株式会社
印刷	セザックス 株式会社